辰芬篆刻

追源衍流

问津书院的前世今生

杜鱼／编

天津出版传媒集团

天津古籍出版社

图书在版编目(CIP)数据

追源衍流：问津书院的前世今生 / 杜鱼编. -- 天津：天津古籍出版社, 2018.6
(汛海文丛 / 王振良主编)
ISBN 978-7-5528-0690-8

Ⅰ.①追… Ⅱ.①杜… Ⅲ.①书院–教育史–天津 Ⅳ.①G649.299.21

中国版本图书馆 CIP 数据核字(2018)第 104437 号

追源衍流：问津书院的前世今生

杜鱼 编

出版人 / 张玮

*

天津古籍出版社出版
(天津市西康路 35 号　邮政编码：300051)
http:// www.tjabc.net
天津市天办行通数码印刷有限公司印刷
全国新华书店发行
开本 880×1230 毫米　1/16　印张 17.5　字数 180 千字
2018 年 6 月第 1 版　2018 年 6 月第 1 次印刷

ISBN 978-7-5528-0690-8
定　价：54.00 元

繁荣天津文化事业的璀璨亮点

张利民

书院出现在唐代，是集教育和学术研究为一体的场所，也是地方文化的象征。晚清时期，随着西学东渐，旧式书院功能逐渐发生变化，开始引入西学，开辟中西兼容的教育模式。这种功能的变化在天津尤为突出。

天津最早的书院，是乾隆十六年(1751)始建的问津书院，其后又有三取、辅仁等数座书院。张佩纶、李慈铭、叶昌炽等名士，均曾任问津书院山长，促成晚清天津科举功名的繁盛，也推动了天津文化的发展。咸丰十年(1860)天津开埠后，发展为北方最大的通商口岸和洋务活动汇集之地，西学影响开北方风气之先，出现以书院命名的西学教育机构——中西书院，成为西学传播和学习的场所。随着废除科举和推行新政，天津的书院基本都改为各级学堂。这是城市文化演进的必然，也是中国社会文化和知识取向变革的体现。这也说明，书院职能随着社会尤其是文化演进不断发生着顺应时代的变化，与时代变革、社会转型和文化融合同步而行。而且，历代书院都与当地知识分子有着不解之缘，是学人展示深邃学问的讲坛，也是很多士人钻研深造的学府，进而对各地知识分子群体个性的张扬、学风的砥砺、文化的演变，都产生了长久而深远的影响。

经历了百余年的沉寂，21世纪初问津书院在天津重现。这不是天津学人的心血来潮，而是经过创办人长期筹划，积累了丰富的经验，聚集了深厚的人脉，而且携带着浓厚的情感，在兼具人文情怀与艺术素养的企业家支持下，殚精竭虑打造而成的。

问津书院的创办人和引领团队，多是热爱天津文史的非专业人员，但他们却对天津历史与文化有着浓郁情怀和不懈追求——从关注历史建筑的保护和调查，到收藏、考订和整理历史文化典籍；从历史建筑民间保护团队的异军突起，到聚集融合各路各界的知音者；从撰写编印《天津记忆》等内部资料，到组织众多学者编著出版大型丛书和典籍集成；从四方求告“走读式”开会，到拥有可以举行讨论会、报告会、纪念会的常设场所。问津书院的创立与发展，无处不彰显着其特有的风格和优势。

新时代下成立的问津书院，主创群体将其定位为传播地域文化的民间学术实体，挖掘天津历史遗产，传承天津历史根脉，普及天津城市文化。这样的定位，具有十分深远的意义。

问津书院的创办，把握住了21世纪国家和天津社会、经济与文化发展的脉搏。国家规划中强调弘扬中华文化，繁荣发展文化事业和文化产业，满足人民群众不断增长的精神文化需求。天津也规划了文化发展目标，要发掘、保护和弘扬天津优秀传统文化，要创新文化资源开发模式，推进天津文化的大发展大繁荣，增强民众热爱家乡和建设家乡的意识，提升全民的文化素质。问津书院的创办正逢其时。

问津书院作为公益性文化事业，始终把社会效益放在首位，适应了社会各界对历史文化的需求。当下城市化进程不断加快，城市景观日新月异，附着的历史记忆和乡愁也随之更为浓烈，每个城市的街区和角落，风土世情、名人小事以及衣食住行等，无不勾起人们的回忆、追思和遐想，相关历史文化作品的创作大有可为，已经远远冲破以往的学术研究界限，迎来庞大的市场需求。正是在这样的背景下，问津书院诞生了。她以研究为中心，集研究、出版、传播和普及于一体，学术研究与推广、文化普及与提高同步共进，多向互动，交叉融汇，开启了历史文化研究、传承和普及模式的可贵探索，也适应了文化市场的需求。

问津书院最为突出的特点，就是打造了民间学者与专业人士共同推进历史文化研究和普及的新的平台。对于天津地方历史文化的研究，长期以来形成两个不同群体，一部分是"体制内的"高等院校和研究机构的专业研究人员，还有一部分是来自社会各个领域的民间爱好者，有的称为"民科"或"草根"，即没有机遇受到专业训练的"文史学者"或谓之"文史专家"。有人戏称这两大群体为"民间"与"学院"之别。毋庸讳言，两者之间确有相当的不同，甚至是两条平行线。但随着民众文化素质的不断提高，随着文化市场需求的不断增加，专业研究需要视角下移，研究内容和成果要充分兼顾社会和民众的渴求，要充分兼顾为社会经济建设出谋划策的时代要求。同时，民间文史学者也要有展现研究成果的阵地，也需要理论方法的提升和研究视角的扩展。在这样的背景之下，打造出一个新的模式，开拓出一条民间学者与专业学者相互结合、共同发展之路，就成了问津书院的核心追求,也是其短短数年取得卓越成效并具有相当影响力的重要原因。

从城市史的角度看,社会精英和市民对城市管理、社会文化的参与,促进了社会进步和民主意识增强,是一个城市民主与文明的主要标志之一,是强化市民的自信心、自豪感的路径,也是城镇化的动力。城市文化软实力的增强和文化的繁荣发展,传承优秀历史文化是不可或缺的组成部分,需要政府和民间多条途径共同推动。回顾问津书院的发展历程,其在某种意义上就承担了这样的责任。

问津书院创办至今已有五年,秉承以上宗旨,取得了卓越的成绩。

首先,问津书院聚集了不同领域和专业的学者,打造出研究和普及天津历史文化的一片新天地。来自京津冀,乃至浙苏豫晋等地的文史学者,发挥多个行业与专业的优势,在同一平台上展开了不同视角的融合,不同方法的撞击,不同文风的借鉴,进而实现了相互沟通,求同存异,互补互动,相互提携,走出一条普及与研究并重、民间与学院结合的新路。

其次,五年来问津书院在编印多种内部资料的基础上,策划出版了大量书籍,这既是对天津历史文化记忆的追寻,也是对天津历史文化记忆的重构。问津书院编撰出版的“问津文库”系列丛书已经有70多种,包括丛刊、集刊、日记、传记、文献整理、资料汇编、学术随笔、研究专著、考察与口述、讲演与会议文集等不同文体。其中,不仅有难以见到的文史资料的挖掘、整理、点校和汇集,还有文史学者的研究成果和以亲历亲见亲闻为基础撰写的口述资料与文献汇编,涉及语言文学、历史文化、社会生活、地理地质、教育民俗、文献考证等诸多的学科和领域，从不同角度切入了天津历史文化，昭示出天津历史文化的多元化特点。参与的编辑和作者也非常广泛，他们来自不同的行业，具备不同的专业素养，体现出创作群体的广泛性和包容性。近期编印出版的《天津文献集成》，是与图书馆合作影印的清代至民国津沽文献，尤以文学和杂记见长，在天津文化史上是个创举，对天津历史典籍的保存与汇集贡献非凡。

第三，问津书院建立的天津地方文献中心，是天津历史文化资料的聚集地，为有关单位和各界人士捐献助成。这里还收藏有老照片、纪录片等影像资料，形成了自身的特色，成为公益性的为民众服务的文化空间。

问津书院拥有固定的场所，能够聚集起诸多学者，通过诸如编印资料书刊、举办讲坛沙龙以及读书会、研讨会、纪念会、学术年会等各种方式，共同开展历史文化的研究和推广活动，既沟通学者之间的学术往来，以扩展他们的研究领域和提升他们的学术修养，也普及历史文化知识，提高市民的文化素质。

问津书院的创立和运行，是新时代发展繁荣天津文化事业的璀璨亮点。今天的问津书院与时俱进，借用传统文化机构之名，蹚出了一条适应时代发展需求且操作性极强的新路径，为民间创办文化事业和文化产业实体提供了可行的模式。

问津书院五年间已经度过辉煌的起步阶段，具有了相当的规模和影响力，得到了各界的认同和民众的拥趸，即将步入成熟发展阶段。希望书院在今后的发展中，继续坚持自身的定位，继续保持特有的开放性、包容性、广泛性和公益性，继续聚焦社会和文化市场的需求，在不断增强文化自觉和文化自信的基础上，担当起天津历史文化传承者和守望者的角色；也希望书院借助政府政策和资金等方面的支持,通过运行机制的创新、文化产品的转化等方式增强自身造血功能;还希望书院进一步拓宽学术视野,增强研究能力,增强专业修养,提升学术造诣,吸引更多不同类型的学者参与活动打造平台,以使天津历史文化的研究和普及上升到新的层次,提高到新的境界。

2018 年 4 月 28 日

目录

谭史

论　今

旁　白

谭史

晚清天津城市书院述论

田 涛

内容提要:第二次鸦片战争后,天津旧有书院进行了整理、重修和扩大,并先后开设了数处新书院,成为传统书院在天津的鼎盛时期。在晚清文化变迁的背景下,天津书院知识与学术取向也发生了变动,由张佩纶、李慈铭、叶昌炽等人先后主持的问津书院学海堂经古课,倡导经史实学,影响渐次及于天津各书院。与此同时,西学也逐渐被纳入书院考课,并出现了专门的西学书院——中西书院。晚清天津书院的发展和变革,是天津城市文化变迁的重要象征。

关键词:书院 实学 西学 城市文化

书院作为传统教育机构,既是训练士子的场所,也是地方文化的象征。晚清时期,随着西学东渐的兴起,旧式书院变革渐成风气,学界对此已颇有考察与揭示。不过,此类研究对天津地区的书院尚少专门关注。第二次鸦片战争后,天津成长为北方最大的通商口岸和洋务事业的汇集之地，在这一特定的社会文化环境下，当地书院也发生了显著的变革，对天津知识与学术风气产生了长久的影响。本文以天津城市地区书院为对象，就此做初步的考察，以有助于对晚清书院变革及天津城市文化演变的认识。

一

根据地方文献记述，天津最早的书院是乾隆十六年（1751）始建、次年春落成的问津书院，在时任盐运使、进士卢见曾推动下，盐商查为义等捐地集资，建房六十四间，讲舍由尚书钱陈群书写“学海”二字为额。此前的康熙五十八年（1719），进士王又朴曾创办郁文学社，作为士子肄习之所，约在乾隆二十五年（1760）改为三取书院。至道光年间，梅成栋、侯肇安等人又创办辅仁书院，“月课生童百余人”[①]。同治十三年（1874）天津知府马绳武称，辅仁书院、问津书院、三取书院，“鼎峙为三，数十年来科第之胜甲于他邦”[②]。可以说，到19世纪中期，天津书院教育已经成熟，成为天津文教的重要象征。

第二次鸦片战争期间，天津文教设施因英法联军入侵而遭到破坏。“咸丰庚申，海气不靖，郡城内外多被蹂躏，泮水芹香之地亦有不忍言者。”[③]战争结束后，

①高凌雯纂：《天津县新志》，来新夏、郭凤岐主编：《天津通志》旧志点校卷（中），南开大学出版社，2001年，第783页。

②沈家本等修纂：《重修天津府志》，来新夏、郭凤岐主编：《天津通志》旧志点校卷（上），南开大学出版社，1999年，第1134页。

③高凌雯纂：《天津县新志》，来新夏、郭凤岐主编：《天津通志》旧志点校卷（中），南开大学出版社，2001年，第1021页。

从同治元年(1862)开始的数年间,天津士绅和盐商修复了府学和县学。同治十二年(1873)天津知府马绳武等重修了天津试院。此后,地方官员和士绅对天津各书院进行了修缮和扩充。位于文昌宫西的辅仁书院,"地址湫隘,规制阔略",天津道丁寿昌在同治十三年(1874)因丁忧去职前,在文昌宫以东择地,"筹款二千金为辅仁书院肄业生童添造文廨"。随后接任天津道的吴赞诚与津海关道孙士达等继续这一工程,增建了大门、讲堂、学舍,山长及执事者的憩息之所,以及斋庖用房多楹,"复为参考旧章,厘定新制,规模于是乎始备"[①]。由长芦盐商支持的三取书院也进行了两次重建和修缮。同治七年(1868)该书院被洋人借住后,移置河东盐关厅后重建,到光绪十三年(1887)该书院又进行了扩充,"数月竣工,美轮美奂,较前大扩规模"[②]。天津影响最大的问津书院在光绪三年(1877)旗人如山履任长芦盐运使后,也进行了整顿,"厘定章程,量才而激励裁抑之"[③],并在该书院开设了北学海堂经古课。

在整理、扩大原有书院的同时,天津还新建了数处书院。"海禁大开以来,京师而外,天津除旧设书院名目不计外,复增设……集贤、稽古、学海、博文、中西各书院。"[④]集贤书院光绪十二年(1886)由籍隶外省的天津官员捐建,由盐运使季邦桢、津海关道周馥等筹备,先借问津书院开课,次年正式建成。[⑤]该书院设于三岔河口水师营,是官员子弟和幕友侨寓者的肄业之所。稽古书院光绪十三年

---

①高凌雯纂:《天津县新志》,来新夏、郭凤岐主编:《天津通志》旧志点校卷(中),南开大学出版社,2001年,第1026页。

②《丁沽寒汛》,《申报》1887年12月24日。

③高凌雯纂:《天津县新志》,来新夏、郭凤岐主编:《天津通志》旧志点校卷(中),南开大学出版社,2001年,第1031页。

④《书直省变通书院肄业章程事》,《直报》1896年6月20日。

⑤《津门杂志》,《申报》1887年10月12日。

(1887)由知县汪守正、县人杨云章等在城西稽古寺原址创建,该处原为天津文人的集会之所,因寺院僧人盗卖庙产,经天津士绅禀请改设为书院,“专试诗赋经解策论诸作,凡应试者均是举贡生监,而童生不与焉”[①]。学海堂即设于问津书院的北学海堂,甲午后该堂曾一度单独考课,到光绪二十四年(1898)又与问津书院并课。博文书院由津海关税务司德国人德璀琳(Gustar Von Detring)和津海关道周馥等创设,光绪十二年(1886)开始兴建,光绪十五年(1889)完工,“基址之宏昌,工程之巩固,洵津城居屋中首屈一指”[②]。但该书院并未真正投入使用,光绪二十一年(1895)北洋大学堂即北洋西学学堂创办后,博文书院成为该校头等学堂校舍。中西书院同样始于光绪十三年(1887)。据美国传教士丁家立 (Charles Daniel Tenney)的说法,其时丁家立负责博文书院事务,“在等待中国政府行动之时为中国青年人创办了一所私立学堂”[③],即中西书院。这些书院都创办于19世纪80年代的十年间,表明天津城市文教在这一时期的迅速发展。

除了上述几处之外,同治十三年(1874)由附贡生娄举信禀请,盐运使祝垲、天津知府马绳武创办的会文书院也是一处新设书院。该书院面向举人开办,设于“文庙后隙地,仿扬州孝廉堂成式”,由李鸿章于“盐课杂项下岁拨津蚨千缗为肄业膏火”。光绪五年(1879)进行了扩建,“计得白金二千四百有奇,阅五月而工告成”[④]。“每月司道府县,分府轮课,应课者计五六十人,会试年份,督宪宾兴,应课

①《童子无言》,孔祥吉、(日)村田雄二郎整理:《国闻报(外二种)》第2册,国家图书馆出版社,2013年,第36页。
②《津沽秋汛》,《申报》1888年9月24日。
③(英)派伦:《天津海关一八九二— 一九〇一年十年调查报告书》,许逸凡译,天津社科院历史研究所编印:《天津历史资料》第4期,1965年,第79页。
④《会文书院课艺初编》,光绪七年刊本,马绳武序。

多至百余人。二十年来，造就人才不少。”①

19 世纪 70—80 年代天津书院系统的扩充，与开埠后天津城市人口特别是官绅数量的增长有关，但直接的因素则是李鸿章等人的倡导和推动。同治九年(1870)李鸿章主政直隶后，以提倡文教、培养人才为要务，在兴办洋务学堂的同时，也致力于书院建设，使天津书院在这一时期得到了迅速发展。李鸿章等人还聘请名师主讲天津书院。在长芦盐运使司提供经费支持的问津书院和三取书院，李鸿章首先聘请李嘉端出任山长。李嘉端为直隶大兴人，道光九年(1829)进士，咸丰三年(1853)以刑部左侍郎任安徽巡抚，但数月即遭罢免，此后开始书院生涯，“乙卯主讲陕西关中书院，同治四年(1865)移讲直隶莲池书院，庚午移讲天津问津、三取两书院，光绪六年(1880)十二月卒于天津。”从同治九年(1870)至光绪六年(1880)去世，李嘉端主持问津书院长达十年，课士极为认真，“临终前夕，犹对客谈文，客去后书日记数行，遂无疾而逝”②。此后两年，问津书院山长由张佩纶担任。张为直隶丰润人，同治十年(1871)进士，学识渊博，有经济之才，颇受李鸿章器重。光绪九年(1883)，黄国瑾主问津讲席，黄为光绪二年(1876)进士，系张佩纶好友，其父黄彭年曾入李鸿章幕，并两度主讲保定莲池书院，以提倡经史之学而著称。到光绪十年(1884)，著名学者李慈铭开始主课北学海堂和问津、三取两书院，在李慈铭日记中，为天津书院命课题的最晚一条记录见于光绪十九年(1893)八月初六日。当年十月初九日后，李氏日记中断(仅见光绪二十年元旦日记)，在此期间未见李慈铭辞去书院讲席的记载。据此推测，李慈铭主课北学海堂

①徐士銮：《敬乡笔述》，张守谦点校，天津古籍出版社，1986 年，第 138 页。

②(光绪)《顺天府志》卷 103《人物志十三》，光绪十五年(1889)刊本，第 32 页。

和问津、三取书院的活动，应该延续到其光绪二十年(1894)去世之际。李慈铭以其学识和声望，堪称晚清天津书院史上最著名的人物。此后的光绪二十三年(1897)秋，时为国史馆提调的叶昌炽受聘学海堂讲席。当年八月初三日叶氏日记云："得幼申函，转到季士周方伯一电，为定学海堂讲席，常熟师之力也。"[①]文中的"幼申"，又作又申，即翁炯孙，为翁同龢侄孙，举人出身，时在京任职。季士周即曾任长芦盐运使的季邦桢，时为直隶按察使。当月廿二日叶昌炽日记又云："得士周方伯书，景月汀盐使关聘一函，延主天津学海堂讲席，岁修四百金，每节节敬八两。"[②]叶氏日记中为学海堂命题的最晚记录，见于光绪二十六年六月十四日(1900年7月10日)，所录为该月学海堂课题。此后不久，八国联军侵占天津，包括学海堂在内的天津各书院因战争而废弃，故叶昌炽可被认为学海堂最后一位主持者。

这一时期的辅仁书院曾先后由天津士绅沈兆沄和杨光仪主持。沈兆沄为嘉庆进士，曾任浙江布政使，同治间致仕回乡后即主讲该院。李鸿章称，"及来天津，沈兆沄适主讲席"[③]，可知同治九年(1870)前后沈氏仍主课该院。沈兆沄光绪三年(1877)去世，此后曾长期主持该书院的是杨光仪。杨为咸丰二年(1852)举人，以诗歌和教读而著称于当地。地方文献称，杨光仪"主讲辅仁书院，一以先正法程规

---

①叶昌炽：《缘督庐日记》，江苏古籍出版社影印本，2002年，第2558页。叶氏以为北学海堂讲席系翁同龢代为谋定，但翁同龢当年八月初四(8月31日)日记云："季士周电致又申，云叶菊裳学海山长乞告我知，我何尝去电哉，可疑"，翁氏似不知此事。参见《翁同龢日记》，陈义杰点校，中华书局，1989年，第3029页。

②叶昌炽：《缘督庐日记》，第2566—2567页。景星，字月汀，时为新任长芦盐运使。

③李鸿章：《沈兆沄请谥折》(光绪二年九月初六日)，吴汝纶编：《李文忠公全集》奏稿卷28，文海出版社影印本，1974年，第7页。

范后进，殷殷训课垂二十年，故一县之人无长幼贵贱，凡为操觚之士，莫不在门弟子之列”[①]。杨担任辅仁书院讲席很可能延续到其去世的光绪二十六年(1900)。光绪二十四年(1898)三月《国闻报》有消息称，辅仁书院“定于三月初八日举行斋课，知照山长杨文广香吟，以便是日照章诣院命题开考”[②]。可知其时杨光仪仍主辅仁讲席。辅仁书院成立后，其斋课经费由津绅公捐，该书院讲席一直由津人担任，应与此有关。

集贤、会文、稽古三书院，经费主要来自捐集款项以及盐运使司和津海关道，这几处书院讲席多聘京官兼任。集贤书院成立后，讲席最初可能由天津进士王文锦兼任。严修光绪十三年(1887)日记中曾几次提到“云翁”嘱其代阅集贤书院课卷事。“云翁”即王文锦，字云舫，同治十年(1871)进士，此时在京师翰林院任职。此后，同治七年(1868)进士张人骏曾主集贤讲席。张佩纶光绪十三年(1887)十一月二日记称：“得合肥书，延安圃主集贤书院讲席。致安圃书，告之。”[③]安圃即张佩纶堂侄张人骏。张佩纶在致李鸿章信中也曾谈及此事，称“舍侄讲席，足以疗贫，感感”[④]！光绪十六年(1890)主集贤讲席者则为张佩纶，其时张自张家口戍所归来后寓居天津。张佩纶在给李鸿藻的信中称：“天津新设集贤书院，专考流寓士子，安圃尝主此席。今年山长无人，合肥属佩纶代阅一二课……因允一年之约。”[⑤]另外，

---

①高凌雯纂：《天津县新志》，《天津通志》旧志点校卷(中)，第799页。

②孔祥吉、(日)村田雄二郎整理：《国闻报(外二种)》第2册，第25页。杨光仪，字香吟，该报道写作“杨文广香吟”，应即杨光仪。

③张佩纶：《张佩纶日记》，谢海林整理，凤凰出版社，2015年，第174页。

④张佩纶：《致李肃毅师相》，《涧于集》书牍4，上海古籍出版社影印本，1995年，第52页。

⑤张佩纶：《致李兰孙师相》，《涧于集》书牍5，第20页。

从片段资料看，会文书院、稽古书院的讲席曾一度由陆润庠主持。陆润庠，字凤石，同治十三年(1874)状元，甲午前曾任翰林院侍讲、国子监祭酒等职。光绪二十一年(1895)夏陆润庠为养亲开缺回籍，推荐与其关系密切的叶昌炽代为主持该两处书院。叶氏光绪二十一年(1895)闰五月初五日记“得凤石书，以津门会文、稽古两书院关道两席见让”，当月十八日，“得盛杏荪、李勉林两观察书，送稽古、会文两席关聘”。[①]不过，叶氏日记仅在光绪二十一年(1895)下半年提到会文、稽古书院考课事，推测其仅短期主持两书院讲席。

书院的发展，促成了晚清天津科举功名的繁盛。1889年10月《申报》报道称："北方文学，向以大宛为最优，宁宝次之，至天津则等诸自郐以下。自津城诸当道币聘绩学名儒主问津、辅仁、三取各书院讲席，认真课士，文风为之丕变，不特驾宁宝而上之，即大宛亦复瞠乎在后。科名之盛，遂视文学为转移，多士揣摩风气，力争上游，历科登上第者，不下十余人或十数人。”[②]有记述称，天津在“同治末，士子应学政试者，不过四五百人，逐年增加至光绪中叶，乃近千人。其时应京兆试者多至四百余人，应礼部试者多至八九十人，可谓极盛”[③]。民国时期的《天津县新志》也说，天津建卫四十三年始有举人，又十九年始有进士，一直到清初，功名数量都属“寥寥”。“改县以后，文运日启，获第渐多，迨至光绪庚子以前，登乙榜者几占全省中额十分之二，甲榜则占全省中额四分之一，科名之盛，亦云极矣。”[④]按照这部志书所列统

①叶昌炽：《缘督庐日记》，第2320、2324页。

②《联翩登第》，《申报》1889年10月26日。

③高凌雯：《志余随笔》，来新夏、郭凤岐主编：《天津通志》旧志点校卷(下)，南开大学出版社，2001年，第732页。

④高凌雯纂：《天津县新志》，来新夏、郭凤岐主编：《天津通志》旧志点校卷(中)，南开大学出版社，2001年，第608页。

计，光绪年间天津共有 39 人中进士，其中光绪三年（1877）、九年（1883）、十二年（1886），天津被授予的进士均达到 5 人，光绪二十四年（1898）更达到 6 人；这几个年份全国授予的进士人数分别为 328、308、319、346，[①]天津一县在全国所占比例均在 1.5%以上。尽管晚清的文化格局已因西学东渐而渐次改变，但功名数量仍然是衡量一个区域文教程度的重要标准。科举的鼎盛，可视为这一时期天津文化发展的重要表现。

二

与书院教育规模扩大、科举功名持续鼎盛相比，晚清天津书院知识与学术取向的变动，是更值得关注的一个方面。清代书院就知识内容而论，接近于官学，均以四书五经为主，注重理学研读和制艺训练，目的在于为士人进入科场做准备。天津此前的问津、三取、辅仁各书院大致均以此为旨，如进士出身的沈兆沄，"讲学壹守程朱……人有就而问道者，娓娓以礼义为勖，虽耄老不倦，耆德硕望，远近宗仰者数十年"[②]。同治七年（1868）曾国藩任直隶总督后，曾著《劝学篇示直隶士子》，以义理经世相劝勉。李鸿章主政直隶后，更注重实用人才的培育，其洋务干才吴赞诚光绪元年（1875）在《增修辅仁书院记》中称，士子应"互相砥砺，以勉为国家有用之才，而不仅以区区文艺争长"[③]，即有督促天津士子留心实学的意味。

①张仲礼：《中国绅士：关于其在十九世纪中国社会中作用的研究》，李荣昌译，上海社会科学院出版社，1991 年，第 177 页。
②高凌雯纂：《天津县新志》，来新夏、郭凤岐主编：《天津通志》旧志点校卷（中），第 771 页。
③高凌雯纂：《天津县新志》，来新夏、郭凤岐主编：《天津通志》旧志点校卷（中），第 1026 页。

为了转移当地士风，李鸿章对天津书院的考课内容进行改革，最主要的举措，就是在问津书院创设北学海堂经古课。

关于北学海堂经古课的创办，光绪《重修天津府志》称设于光绪二年即 1876 年，王守恂《天津政俗沿革记》则称设于光绪四年即 1878 年，高凌雯则称“问津于常课外，月课经古一次……其制始于光绪六年”[①]，即 1880 年。光绪十六年(1890)杨光仪撰学海堂碑记云：“我赫舍里公冠九之都转来津也……阅二载……因于制艺试帖外，增设学海堂经古课”[②]，“赫舍里公冠九”即如山。如山受任长芦盐运使的时间是光绪二年(1876)十月二十四日，但到任接印则是光绪三年(1877)四月二十一日。[③]据此推算，北学海堂经古课应创设于光绪五年(1879)前后。但准确地说，北学海堂经古课始于光绪七年(1881)张佩纶主讲问津书院之际。光绪五年(1879)初夏，张佩纶因生母去世依例丁忧，李鸿章邀其入北洋幕，张虽未接受，但两人此后联系频密。光绪五年(1879)冬张给李鸿章的信中提到，其母下葬日期定在“庚辰二三月间”，“俟明年负土后，再践升堂之约”[④]。可见二人之间有所约定。可能是因为张佩纶不愿正式入幕，而李嘉端突然去世，李鸿章遂转请张佩纶接替问津山长。光绪七年(1881)初春，张佩纶在给好友顾肇熙(字皞民)的信中提到：“望后须应问津之招，因合肥累书拳拳，谊难再却，得无近于冯妇乎。”[⑤]信中所说

①高凌雯：《志余随笔》，来新夏、郭凤岐主编：《天津通志》旧志点校卷(下)，第 734 页。

②高凌雯纂：《天津县新志》，来新夏、郭凤岐主编：《天津通志》旧志点校卷(中)，第 1031 页。

③《光绪三年五月二十日京报接录》，《申报》1877 年 7 月 18 日。

④张佩纶：《致李肃毅师相》，《涧于集》书牍 1，第 17 页。

⑤张佩纶：《致顾皞民观察》，《涧于集》书牍 1，第 55—56 页。张氏信中有“入春唯即事多”及“俄约已定”等语，可知该信作于当年初春。“冯妇”之自喻，应指张此前已拒绝李鸿章的入幕之邀，此番应约入津，有出尔反尔之嫌。

的应“问津之招”，即指入主问津书院事。严修自订年谱亦称：“辛巳丰润张箦斋师来主问津书院，就所取前列诸生十人，往谒文忠（李鸿章），余与焉。”[①]可见张佩纶出任问津山长确为光绪七年（1881）初，时在李嘉端去世之后。稍后，张佩纶在给顾肇熙另一信中提到：“问津已增经古，适与尊指合，然佩纶夙未治经，抗颜正复可愧。”[②]从张氏所言推测，问津书院经古课此前已有筹划，但正式开设则在张氏出任问津讲席之际。

光绪九年（1883），经张佩纶向李鸿章推荐，黄国瑾主讲问津书院一年。据李鸿章、张之洞等称，黄国瑾通籍后，专以“读书考古、讲求经济为事”，“为长芦盐运使如山延主问津书院。时其父方主讲莲池书院，以朴学振兴学者。该故编修遂推行于天津，仿广东学海堂章程，增设北学海堂经古课，手订规学，示诸生以研经考古之法。数年之间，人才辈出”。[③]黄彭年第二次主讲莲池书院始于光绪四年（1878），当年在莲池书院创立学古堂，以经古课士。黄国瑾主问津讲席之际，黄彭年实则已出任湖北安襄郧荆道。黄国瑾借鉴莲池书院的做法，对北学海堂经古课有完善之功。之后的光绪十年（1884），北学海堂经古课开始由李慈铭长期主持。

经古课以学术经世为原则，将传统的经史实学纳入书院考课，体现了晚清书院变革的一个重要方向。清代书院多偏重理学，讲求心性，但经史实学之脉仍存。嘉庆道光时期，经世学风复兴，一代文宗阮元嘉庆六年（1801）在杭州立诂经精舍，嘉庆二十五年（1820）在广州创办学海堂，即以讲求经史致用之学为主。北学海堂

---

①严修自订：《严修年谱》，齐鲁书社，1990年，第24页。
②张佩纶：《复顾皞民观察》，《涧于集》书牍1，第57页。
③《光绪十八年十月初二日京报全录》，《申报》1892年12月1日。

经古课仿照广州学海堂章程设立，以经古课士，提倡经世致用，致力于振兴学术精神，与莲池书院的学古堂一样，都可视为晚清经世实学在北方兴起的重要标志。此后不久，19 世纪 80 年代先后任江苏学政的黄体芳、王先谦也致力于崇经术，倡实学，促使当地学风为之一变。黄体芳光绪八年(1882)在江阴创办南菁书院，即以经史词章之学为重。张正藩先生指出："清之季世著名之书院，浙则有诂经精舍；粤则有学海堂及广雅书院；直则有天津之学海堂，保定之莲池书院；苏则有江宁之钟山书院，江阴之南菁书院；蜀则有尊经书院；湘则有船山书院；闽则有致用书院，皆专课古学，人才蔚起。"[①]天津学海堂得以与诂经精舍、广东学海堂等著名书院并列，实则是对其开风气地位的肯定。肄业问津书院、光绪二十四年(1898)进士王守恂后来称，此前"天津书院校试文艺，与聚徒讲学规制有异，循文守法，一时得士称彬彬焉。惟晨夕讲求者，功令文字而已"。北学海堂经古课设立后，月试经解、史论、古今体诗及赋、骈散杂文，该书院肄业生及会文书院举人均得应试，"以经义史论及诗古文词课士，于是津人士得渊懿博雅之材"。北学海堂与同一时期设立的官书局一起，促成了天津士人风气的转变，"于制举之外得以通达经史，讲求文艺，则北学海堂及官书局之设盖有力焉"[②]。

北学海堂经古课设立后，应课者以问津书院生、童为主，但并不仅限于问津一处。三取书院向与问津书院并课，"凡士子向居城外，不便就问津书院肄业者，则入三取书院"[③]，光绪十年(1884)李慈铭来津期间也提到三取书院为问津分

①张正藩：《中国书院制度考略》，江苏教育出版社，1985 年，第 34 页。

②王守恂：《天津政俗沿革记》，来新夏、郭凤岐主编：《天津通志》旧志点校卷(下)，第 43、46 页。

③《丁沽寒汛》，《申报》1887 年 12 月 24 日。

设，故该书院也有应课者。王守恂称会文书院举人也可应北学海堂经古课，与李慈铭日记中数处提到“举贡生监”应试的情形也相吻合。此外，稍晚设立的稽古书院，课程则仿照北学海堂，专课经古。天津学者高凌雯称，问津书院设经古课，“后六、七年，稽古继之，但课经古”①。面向客籍子弟的集贤书院，“系为广育人才，造就实学起见”②，每月两课制艺、试帖外，“兼课经文、经解、策论，并诗赋骈散杂文以及天文、算学、时务”③，天津《时报》《直报》有关该书院的课试消息也可证明这一点，另外，光绪二十四年(1898)上海《申报》的一则报道中也称该书院“向试经古”④。从上述情形可见，其时除辅仁书院外，问津、稽古、集贤三书院均设经古课，而三取、会文两书院肄业生则可参加北学海堂课试，经古课已推行于天津多家书院。

经古课以经史实学甄验、训练士子，除有助于士子应试外，对士子治学方法和求实精神的养成颇具意义。其时先后主课学海堂的张佩纶、黄国瑾、李慈铭、叶昌炽等均系学识优长的学者，对天津士人治学风气多有影响。有记严修事迹称：“公尝应学海堂月课，丰润张幼樵时为山长，批公卷曰：五艺再求典实，可借书更作之，幸无以征逐之故，荒其本业也。公如命更作，并屡为人诵此批，谓后日幸获寸进，微名师督责之力不及此。”⑤严修的学术路径，亦受张佩纶的指导：“先生通《说文》之学，其读许书，由于张幼樵、蒯礼卿两先生之怂恿。”⑥李慈铭日记中提到

①高凌雯：《志余随笔》，来新夏、郭凤岐主编：《天津通志》旧志点校卷(下)，第734页。

②《应课须知》，《时报》(天津)1886年8月30号。

③沈家本等修纂：《重修天津府志》，来新夏、郭凤岐主编：《天津通志》旧志点校卷(上)，第995页。

④《复试八股》，《申报》1898年11月10日。

⑤陈诵洛辑：《蟫香馆别记》，《陈诵洛集》，广陵书社，2011年，第304—305页。

⑥严修自订：《严修年谱》，第24页。蒯礼卿即晚清著名学者蒯光典，与严修为进士同年。

北学海堂和问津书院、三取书院肄业生、童有一百数十人，不少人其时或此后在学术上取得一定的成绩。如肄业学海堂的张大仕，堪称李慈铭最赏识的一人。从李慈铭日记可见，至少在光绪十年（1884）至光绪十八年（1892）间，张大仕都参与学海堂经古课试，两人除书信往来外，张还多次到京拜访过李慈铭。张大仕光绪二十二年（1896）53岁时去世，肄业学海堂期间是其治学的重要阶段。张从事小学，音韵、训诂皆有根柢，李慈铭称其“长于解经，分肌擘理皆以声音通之，凡古今疑义、诸儒聚讼者，皆能折中一是，训诂明通，足解人赜”[①]。所著《古礼释》一卷，被认为“涉猎群书，博引而慎取，凡所断制，皆谨守师法，以经诂经，不涉臆造也”[②]。张大仕的其他著作还有《解经一粟集》《四书音补》《说文拾遗》《说文一贯》《古人姓名通假考》等，虽多未刊行，但亦可见其成绩。再如陶喆甡，李慈铭日记中首次提到其名字是在光绪十二年（1886）十一月，此后陶在学海堂和问津书院课试中常被李慈铭取为内课生。在肄业学海堂和问津书院期间，陶也多次拜访过李慈铭。光绪十九年（1893）顺天乡试结束后，在京应试的陶喆甡在不到二十天的时间里即拜见李慈铭四次，李在日记中曾誉其为“北人之秀”[③]。严修后来称：“吾乡通敏识时之俊，予所最心折者，陈奉周、陶仲明并王寅皆而三”[④]，对陶氏评价颇高。问津生徒杨凤藻也颇得李慈铭的赏识，多次被李取为学海堂内课生，两人之间有不少私人交往。杨氏后致力于经世之学，光绪二十八年（1902）与友人甘韩选文五

①高凌雯纂：《天津县新志》，来新夏、郭凤岐主编：《天津通志》旧志点校卷（中），第961页。

②高凌雯纂：《天津县新志》，来新夏、郭凤岐主编：《天津通志》旧志点校卷（中），第922页。

③李慈铭：《越缦堂日记》，广陵书社影印本，2004年，第12999页。

④陈诵洛辑：《蟫香馆别记》，《陈诵洛集》，第304页。

百六十余篇，编成《皇朝经世文新编续集》，为晚清经世文编之一。

即以应试者的经古课作而论，也可见其治学成绩。光绪十二年(1886)天津《时报》曾分两日刊载张大仕《先生长者考》一文[①]，即系光绪十一年(1885)李慈铭为学海堂所命课题。张氏《小邹鲁居诗集》所收三百七十余首诗作中，“光绪以来率皆书院课作”[②]。陶喆甡所著《抑斋诗文集》，也“以学海堂课作为多”[③]。陈宝泉早年曾应稽古书院、学海堂经古课试，其《退思斋文存》中收有论辩疏证策对十二首，为其“二十岁前后之作”。《叔孙通论》一文在稽古书院课试中曾列第一名，时任天津知县吕秋樵批谓“波澜壮阔，神似大苏”[④]，《唐九节度围相州论》一文“作于甲午，为应学海堂考试者”，[⑤]此外还有《南宋四将优劣论》《直隶河防水利论》《治河从下口入手说》等，应均系其时应课之作。曾肄业学海堂的高凌雯后来评价说：“光绪初开学海堂，以经古课士。设官书局，贱直以供士子取求，于是藏书者众，初不过翻阅钞袭，藉博膏奖。迨涵濡二十年，好学深思之士，类能窥见门径，于是饤饾之学，渐入贯通之域，出所心得，即成著作。”又称：“光绪以来，文风日盛，得书院观摩之力居多。至于士子知读书以研求古学，则以李越缦师主讲席，日久生徒受其裁成，故争自淬厉，而书院附设官书局，任人购取，功效尤大。”[⑥]经古课的设立和推广，使天津书院不再只是八股文字的训练所，也成为经史之学的扩散场，

---

①张大仕：《先生长者考》，《时报》(天津)1886年9月30号、10月1号。

②高凌雯纂：《天津县新志》，来新夏、郭凤岐主编：《天津通志》旧志点校卷(中)，第961页。

③高凌雯纂：《天津县新志》，来新夏、郭凤岐主编：《天津通志》旧志点校卷(中)，第964页。

④陈宝泉：《退思斋诗文存》，文海出版社影印本，1970年，第346页。

⑤陈宝泉：《退思斋诗文存》，第348页。

⑥高凌雯：《志余随笔》，来新夏、郭凤岐主编：《天津通志》旧志点校卷(下)，第728、734页。

是晚清天津学术风气变化的重要象征。

三

晚清天津书院知识取向的另一个重要变动，是西学的引入。西学书院的设立，以来华外人为早。最著名者如上海的中西书院、格致书院等，前者系美国传教士林乐知（Young John Allen）创办，后者则成于傅兰雅（John Fryer）等人之手，影响颇大。19世纪80年代，在天津洋务学堂引入西学教育的同时，西学知识也成为当地书院的考课内容，以集贤书院为最早。如光绪十二年（1886）十月，津海关道为集贤书院所命课题中，算学题为代数式，时务题则涉及圜法。[①]天津道所命课题则有“海防近时形势论”[②]等。当年十一月天津道为集贤书院命题，算学题涉及方程运算：“假如有银甲、丙，发商生息，每两一年之利率为乙，每年推还本利共银为丙，推至酉年，本利同清。今欲于酉年之内预知第几年放出之本银若干，推还之本银若干，并设甲乙丙酉四件中有一件为未知之数，其求法若何？”[③]甲午之后，集贤书院此类课题更为多见，如光绪二十一年（1895）六月官课中，赋题为“电线歌”[④]，九月则有“地球一行星说”[⑤]等题。光绪二十五年（1899）八月课题中有算学、电学

---

①《集贤课题》，《时报》（天津）1886年10月12号。
②《集贤课题》，《时报》（天津）1886年10月27号。
③《集贤课题》，《时报》（天津）1886年11月10号。
④《官课题单》，《直报》1895年8月7日。
⑤《集贤课题》，《直报》1895年11月12日。

等题[1],九月算学题为几何计算[2],十月算学题为勾股计算,格致题则涉及提炼金银等[3]。可见西学与时务始终是集贤书院的考课内容。

与集贤书院将西学纳入考课不同，博文书院则以高水平的专门西学教育机构为目标。按照德璀琳的说法,开办博文书院的设想是他在光绪十一年(1885)提出的,其目的既是为中国培养西学人才,也作为李鸿章经营天津的一个永久性成就。“入院肄业者专习中国有益之西学,仍兼诵读中国诗文经史,学至六、七年,举凡根柢之学,如天文、地理、西国文武水陆军制、大小工程等,均可成就”。在得到李鸿章的同意后,“随向各处捐银三万零八百四十五两六十六分,择吉开工”[4]。包括总税务司赫德(Robert Hart)、其间任津海关道的刘汝翼等,都为书院提供了资助。李鸿章在奏报光绪十二年(1886)北洋海防经费支出情形时,也列有“津海关建造博文书院工料银一万四千四百七十四两”[5]。光绪十三年(1887)上海《申报》报道称:“津海新关税务司德璀琳，奉李傅相之命，就梁家园营门外建造博文书院,教授中西各学。自去冬兴工,业今工已及半,核其基址,合一百一十余亩。所建西式楼房,南北长英尺二十一丈九尺二寸,东西二十二丈五尺二寸,地上垫高一尺五寸,平屋高十七尺,楼高十五尺,每日工匠约三百人,大约来春可讫事矣。”[6]光绪十五年(1889)该院完工后,拟“聘请中西名宿为书院掌教,培植华人聪颖子

①《书院课题》,孔祥吉、(日)村田雄二郎整理:《国闻报(外二种)》第7册,第81页。
②《书院课题》,孔祥吉、(日)村田雄二郎整理:《国闻报(外二种)》第7册,第203页。
③《集贤课题》,孔祥吉、(日)村田雄二郎整理:《国闻报(外二种)》第7册,第458页。
④天津市档案馆、天津海关编译:《津海关密档解译——天津近代历史记录》,中国海关出版社,2006,第213页。
⑤李鸿章:《海防用款立案折》(光绪十四年十二月初十日),吴汝纶编:《李文忠公全集》奏稿卷63,第62页。
⑥《天津纪实》,《申报》1887年8月8日。

弟，为将来樽俎折冲之用”[①]。但由于建造经费不足，只得向银行商借，“计亏银三万二千五百九十三两零三分”，加以李鸿章“目睹出洋回华之学生无差可派，是以此事暂行缓图”[②]。这所规模宏大的西学书院，实际并未招生。

天津以书院命名的西学教育机构，以丁家立的中西书院为最早。光绪十二年(1886)冬天津《时报》刊称：“美国丁先生家立专授英文，月修仅收洋五元，现寓紫竹林海大道妇婴医馆院内，有愿来学者至馆面订可也”[③]。可知该书院始办于光绪十三年(1887)。光绪十三年(1887)年末至光绪十四年(1888)年初丁家立在《时报》刊登招生启事称：“本馆主人今年在海大道西戒酒楼创设英文学馆，学者接踵而至，今已岁暮，博文书院仍未告竣。议以明正照旧开馆，所有本馆生徒俟博文书院告成时，均可一并移往肄业，抑且可列于上等，特以布闻。”同时刊出该馆章程为：“一、本馆定以新正月初九日开馆；二、愿来学者定以正月为期，如逾二月初一日，初读英文者概不收录；三、每月修金原定英洋五元，今悉照旧，概不加增；四、本馆功课每日自早九点钟起读五点钟之久，永为常例；五、愿来学者其家属或先到本馆面订，或致信函均可。”[④]从上述内容看，中西书院以英文学习为主，其教读方式不同与书院的生徒自修，更接近于学堂体制，但仍借用了书院的考课制度。根据光绪十八年(1892)丁家立在《时报》刊登的启事，丁氏曾与时任天津铁路公司总办杨谷山议定，以中西书院为“官铁路预储人才之基”，“所有本馆学生，每年

①《培植人才》，《申报》1889年2月20日。

②天津市档案馆、天津海关编译：《津海关密档解译——天津近代历史记录》，第213页。

③《教授英文》，《时报》(天津)1886年11月9号。

④《时报》(天津)1888年2月18号。

由铁路总办考试一次，发给奖赏”。考试内容除英文外，还有算学，“英语须听说敏捷，句语通顺，字音玲珑”，“书写须笔画洁净，誊抄迅速，句读分明，字母之大小写亦要分别无讹。英文须浅白透澈，文法不差。考取第一名者赏银二十两，第二名者赏银十两。考试算学必须敏捷有准，考取第一名者赏银二十两，第二名者赏银十两”①。其时天津各洋务学堂招生，往往需要一定的英文基础，天津本地缺乏此类学生，不得不到香港、上海等地挑选。中西书院专门教读英文，也有为洋务学堂提供生源的考虑。光绪十九年(1893)李鸿章创设北洋医学堂，即拟从该书院挑选学生入读医学堂。②中西书院原本是博文书院正式开办前一个临时性的西学教育机构，但后者迟迟未能投入使用，故一直延续到光绪二十一年(1895)北洋大学堂成立。直到光绪二十二年(1896)《申报》还有报道称：“天津西学，向未盛行，除机器局东局设立水师学堂，教习兵船驾驶管轮、武备学堂教习兵法外，惟美国人丁君嘉立设塾一所，教聪颖子弟学习西国文字语言，造就人才，深堪嘉尚。”③

在开埠通商和西学东渐的影响下，甲午前天津书院师生中，已不乏研习西学者。严修光绪六年(1880)开始接触算学，其时尚在问津书院应课。李慈铭在光绪十二年(1886)十一月的日记中提到，问津生徒张大仕、陶喆甡“俱通算学”④。李慈铭曾为学海堂出课题“今鲁方百里者五”，其日记称，陈鸿寿和赵士琛两人“皆能以算法和较数考鲁之方百里者五，陈生更为开方、长方两图以明之，极有心思”⑤，

①《时报》(天津)1892年2月10号。

②《北洋创设西医学堂详文》，《申报》1894年3月6日。

③《渔阳归雁》，《申报》1896年10月11日。

④李慈铭：《越缦堂日记》，第11238页。

⑤李慈铭：《越缦堂日记》，第11322、11323页。

可知陈、赵二人也颇有算学修养。此外，曾主讲集贤书院的王文锦，以及出身问津书院的华学澜、陈骧、陶喆甡等人，对算学和西学也有不少涉猎和研习。

甲午战争失败后，在科举制度不断遭受批评，经济、时务成为士大夫热门话题的情形下，西学的社会影响迅速扩大，并进一步向天津书院渗透，成为这一时期天津书院变革的一个重要内容。光绪二十一年（1895）陈骧禀请津海关道设立时中书院，专课西学，但未能实现。光绪二十四年（1898）戊戌新政期间，谕令各地书院改为学堂，天津官绅数次集议，最终拟订的方案是将集贤书院改为北洋高等学堂，会文、稽古、三取三书院改为天津府中学堂、天津县小学堂各一所。问津、辅仁两书院也改为学堂，但“变通办理，兼课中西各学。庶士子未经选入学堂肄业者，亦不致有向隅之叹”①。因为政变的发生，这些举措并未实行，但问津书院和学海堂的考课则就此纳入了西学。当年十月初四日盐运使司告示云：“所有问津、三取两书院每月官课，仍以四书文一篇、试帖一首；斋课则以经解史论各一道、西学一则，如算法格致天文舆地矿务铁路光学化学等类，分为数种命题，各专一门，如有余力或兼数门亦听其便。其不习西学者亦听。”关于学海堂，该告示称：“问津书院近年另设学海堂，此后归并问津斋课，将杂出西学各题。”②此前的九月廿五日，叶昌炽日记亦云：“得方勉甫书，学海堂本系三取、问津两书院生童领卷应课，今并归问津斋课，另设西学一门，每课三四题不等，属鄙人承其乏。欧洲典籍，向未浏览，何敢忝颜抗席，然辞之则珠桂之资计无所出，不得不拟四题，明日寄之。”其

①《督辕批示》，孔祥吉、（日）村田雄二郎整理：《国闻报（外二种）》第3册，第489页。

②《县示照录》，孔祥吉、（日）村田雄二郎整理：《国闻报（外二种）》第4册，第379页。

所命课题包括“墨子二光夹一光说”“抱朴子罡风世界广证”“推广邮政议”等。[①]叶氏日记中还记有当年十月、十一月问津书院的西学课题。十月有题为“半圆内容相等,有相切二小圆,有大圆径甲,求小圆径若干”,另有题涉及化学知识。十一月则有“问京师同文馆、江南制造局译出化学各书原质名目异同”[②]等题目。光绪二十五年(1899)叶氏为学海堂所命经古课题中,也屡见西学内容。如四月题目涉及锡矿开采冶炼,五月有“书熊三拔泰西水法后”“埃及古碑考”以及有关中西医学的课题,六月有“中国轮船电线矿务利益归公议”“以器盛水,旋转其器,水面必中凹,求其凹面成何曲线”等题。其他各月课题中还有彼得大帝和华盛顿论、日耳曼疆域考等内容。

西学进入书院,既是晚清书院知识变革的表现,又表明了西学社会影响的不断扩大。晚清天津书院就课士规模而言,以辅仁居首,就影响来说,则以问津为著。问津书院和学海堂将西学纳入考课内容,可视为晚清天津书院知识转型的一个重要象征,与此同时,也表明传统书院已成为西学在天津传播和扩散的一个特定渠道。

戊戌政变后,天津各书院相继恢复课试,不过,在科举变革已成为社会议题的情境下,传统书院的生存空间已受到明显压缩。光绪二十五年(1899)九月十二日叶昌炽记称:“阅学海堂卷毕,仅十九本,几不成军矣。”[③]光绪二十六年(1900)八国联军侵华战争爆发后,天津被联军占领,各书院陷于停顿,实则已处于被废

①叶昌炽:《缘督庐日记》,第 2772 页。
②叶昌炽:《缘督庐日记》,第 2780、2800 页。
③叶昌炽:《缘督庐日记》,第 2970 页。

弃的状态。及至新政兴起后，天津各书院终为学堂所取代。辅仁书院一度由袁世凯改为校士馆，“专课举贡生监，以策论及格致、算学分试之”，王守恂称其为“书院之余波，学堂之先导”，至科举废除后被裁撤。[①]稽古、问津、会文书院原址均改设学堂，集贤书院改为北洋官报印刷局，三取书院则归于荒废。在此期间，天津还出现一处以书院命的教育机构，即光绪二十八年（1902）赫立德（Lavington Hart）在法租界成立的新学书院。但这所书院已与学校教育体制无异，传统书院在天津的发展历史到光绪二十六年（1900）实际上已告结束。

总之，书院教育及科举事业的兴盛，为晚近天津成长为北方新兴的文教之邦提供了重要助力，其知识与学术取向的变革，特别是经史之学和西学的引入，更对天津本地士人产生了直接的引导作用。在某种意义上，书院教育的地域化特征，使之与本地文化的关联更为密切，从清末开始趋于活跃的天津新知识人士如严修等，大多即出身于当地书院，他们是近代天津城市文化变革的重要推动力量。就此而言，晚清天津书院的发展与变革，是天津城市文化演变的一个重要侧面。

（载于《城市史研究》第 36 辑，社会科学文献出版社，2017 年）

①王守恂：《天津政俗沿革记》，来新夏、郭凤岐主编：《天津通志》旧志点校卷（下），第 47 页。

清末天津老城里的书院

王兆祥

天津的书院出现比较晚，主要是在清代。这是由于明清以来，天津的经济、文化地位日益突出，城市规模迅速发展，外地人口大量涌入的结果。书院作为官办儒学的补充，对推进天津传统教育起了重要作用。正如《建立会文书院碑记》所记：天津"数十年来，科第之胜，甲于他邦，大抵得力于书院居多"。在这些书院中，坐落在天津城里的就有两家——问津书院和会文书院。

问津书院在城内现在的鼓楼南约50米，大门坐西朝东，是清代天津比较有影响的书院之一。乾隆十六年（1751），长芦盐商、前太平府通判查为义为支持家乡教育，捐出运署旁（今鼓楼南大街）废宅基地一块，由长芦盐运使卢见曾（号雅雨）报请直隶总督方观承、长芦盐政高恒批准，并亲自捐资督建。卢见曾热心天津的教育，他曾为天津没有书院而感叹："通都大邑往往设有书院，士习蒸蒸进而上。天津以百川朝宗之地而为京师左辅，顾阙焉未兴，余窃病之。"为此，他与众商前后使用白银2400余两建成天津城里最早的这座书院。书院正中为讲堂三间，前为大门，后为山长书室，四周环以学舍，共64间，占地面积2000多平方米，其中建筑面积有900多平方米。每岁膏火、束修、馔食等经费由运库"闲款生息项内支给"。

问津书院的匾额是李鸿章的老师、同治年间曾主讲书院的李铁梅书写。直隶学政、尚书钱陈群提倡"于制艺、试帖外，增设经古课"并亲自额其堂名曰"学海"。为与阮元在广州创建的学海堂相区别，后又称"北学海堂"。该书院的办院宗旨是"延师选士"，"肄业讲学"，"日集诸生课之"，为科举提供学习场所。"院中生员分内课、外课、附课、列附课"。内课相当于寄宿生，外课为走读生，附课为试读，列附课为旁听。

书院中担任主讲的均为天津学界名人。其中乾隆四年(1739)进士，杭州人金文谆，在乾隆二十八年(1763)任天津知府期间，"崇尚文士，惠政甚多"，后调顺德，因事落职，复来津主讲问津书院，"教诲生童如同子弟，凡所赏识提拔者，无不腾达"。浙江人叶绍本，嘉庆六年(1801)进士，授翰林院编修，道光初任长芦盐运使。他重文爱士，尤其擅长古文。光绪四年(1878)在书院"北学海堂"讲授经古课。曾在"北学海堂"任主讲的，还有当时著名的学问家李慈铭。李慈铭，浙江人，同治九年(1870)举人，光绪六年(1880)得赐进士出身，实授户部郎中，曾经主讲过浙江蕺山书院。光绪十年(1884)接受李鸿章的邀请来天津主讲问津书院北学海堂，岁修白银1000余两。在《越缦堂日记》中，零星记载了他的一些教学情况。如这一年的三月二十日(公历4月15日)写道："是日课士。出北门，至三取书院，行释菜礼。晤运使及府学训导武汝绳，县学训导王清林。生童皆各命题。入城回问津，行释菜礼，复命生童题。”二十四日（公历 4 月 19 日）又写道：“明日北学海堂小课，命题为《九族考》《张居正论》《竹外桃花三两枝》。”可以看出，李慈铭的教学方法是出题试士，然后批阅经古课卷，以分优劣。课试前十名的有膏火银五钱的奖励。两年后，李慈铭到了北京，仍在北京寓所为问津学院和三取书院出课题，评改诸生答卷。除此以外，还有一些地方官员，热心推动天津的书院教育。乾隆十六年（1751）董承勋任天津道。《续天津县志》说他聘名士吴联株主讲天津问津书院。每次考课，必亲自参加，使天津“文风蒸蒸日上”。

会文书院在老城东门里仓廒前（文庙儒学之后），这里最初为雍正年间建的县署监狱，房间（班房）最多时有 19 间。同治十三年（1874），由李金海等人提议，盐运使祝垲、知府马绳武、县人娄举信、道员丁寿昌等呈请直隶总督李鸿章允准，筹建为书院。并将儒学（文庙）后院房舍改为讲堂，同时修建学舍三间。两年后，即光绪二年建成。到了光绪五年（1879）因应课的举人人数增多，知府马绳武责成商人严克宽、黄世熙负责，在儒学后院向外开拓，买民房数处，添建房舍、藏书室，并在书院内设立启蒙塾馆——会文总塾和崇正总塾。

主持书院修建的知府马绳武认为，天津虽然已经有了“辅仁”“问津”“三取”三座书院，但这些书院“皆为生童而设，孝廉不与焉”。因此会文书院办学之初，就提出要“专课举人”。由于史料缺乏，我们不知道这座“专课举人”的书院具体的教学内容。但我们仍然可以认为，此种书院在清末众多书院中，教学特点鲜明，不论研究天津教育史还是研究中国书院史，均值得关注。

据《建立会文书院碑记》记载，会文书院建成之初，经盐运使祝垲批准，“由运库杂款内，岁拨津蚨千缗，著为常例，作每年膏火、杂费之用”。此外，还有津门官绅捐赠,除了建造院舍和教学费用,“其余资发质库生息”,以备不急之需,“如再有不敷,仍由本府(天津府)筹款补足”。书院考课办法是,每岁课试日期,按运司、津海关道、天津道、天津知府、天津县令轮转,“每课奖赏,各官自备”。也就是说,由这些官府衙门轮流督考,并负责考课费用和奖金的筹措。

会文书院不设山长(院长),聘请“公正廉明,堪以经理”的娄举信负责查核“院内一切应办事宜”。同时约请“举人、教习知县陈垲、宗学教习陈法录、举人杨光仪、候选训导王锡恩、廪贡李金海、附贡缪嗣龙轮流值年,协同帮办”。其中李金海是天津颇有名气的私人教育家。他祖籍江西南昌,明代北迁天津,直到清光绪朝,一直住在城内南门里。其父李青田是当时著名的塾师,金海自幼秉承家教,好学能文。同治元年(1862)就馆于城西沈氏家塾。但是屡次参加乡试,均未考中,直到四十岁仍无成就。于是专任会文、崇正总塾塾师,教授贫寒子弟,成就多人。他学生中的佼佼者,就是天津近代著名社会教育家林墨青。

进入近代以后,书院逐渐为新式教育所替代。光绪二十八年(1902)十月,严范孙、林墨青、王竹林等将分散的私塾集中于书院内,创立天津最早的民办小学——天津民立第一小学堂,后改为天津私立第一小学校,这就是延续下来的仓廒街小学。

(载于 2003 年 2 月 25 日《今晚报》第 18 版“副刊”)

学海堂前薪火传

——问津书院历史文化及社会影响

章用秀

书院是封建社会学者会集士子讲学之地，是独立于官学系统之外特有的教育组织。它始于唐代，盛行于宋代，至清末改为学堂。有名的书院，常为一方的教育中心、学术中心和藏书中心，为学者研讨学问的胜地。

坐落在天津旧城鼓楼南西侧的问津书院，是清代津城六座书院中最负盛名的一座，在天津古代教育史上有过辉煌的一页。其规模和影响远在三取、辅仁、会文、稽古、集贤等书院之上，它的兴衰沿革颇能体现天津古代的书香文脉。

关于问津书院的始建时间，文献中有两种说法。一种如《天津政俗沿革记》所载："乾隆十二年长芦商人查为义呈输城内鼓楼南废宅地址，盐运使卢见曾捐资建作书院，造屋五十九间。"另一种如《重修天津府志》所载："乾隆十六年长芦盐商查为义施地，盐运使卢见曾建屋五十九间。"《重修天津府志》的依据是卢见曾撰写的《问津书院碑记》。因卢是修建书院的当事者，他所提供的情况不可能不准，故而笔者以为问津书院的始建时间以乾隆十六年(1751)较为可靠。卢见曾官为盐运使，但又是位学者。此人爱才好客，交往名士甚多。他认为天津乃“百川朝宗之地”，而书院“阙焉未兴”，很想在天津建一座书院，只是苦于无地。这件事被水西庄查氏三兄弟中的老二查为义得知。为义“虽席丰履厚，有山人林下之致”，堪为风致清远、急公好义之士，遂告于卢：“家有废宅在运署之西南隅，其地高阜而面阳，形家以为利建学。”他无偿将旧居捐出。卢见曾报呈直隶总督方观承、长芦盐政高恒后，经过一年的修建正式落成。书院计造屋59间，其中部为讲堂，前为门，后为山长书室，环之以学舍，共花费白银2400多两。书院隶属于长芦都转盐运使司，山长束脩、应聘者酬报、杂役食用及其他花销，均由运司“闲款生息”项内支给。尚书钱陈群额其讲堂曰“学海”。

问津书院以“延师选士”“肄业讲学”为己任，建立伊始就以“汛海问津”勉励学子。且重制义，把制义看做进入孔子圣域之津伐。卢见曾在《问津书院碑记》中提到书院何以用“问津”二字命名时称道：“孔子之道犹海也，学者蕲至乎道而止。今制义，其津伐也，学者因文见道譬如浮海者正趋鼓楫，候劲风，揭长尺维长绡挂帆席，然后望涛远决……不能得者皆不能得其津者也。”书院活动内容系以考课为主。卢见曾不但创立了这所书院，而且“日集诸生课之”。《津门纪略》卷四记载，问津书院“每月课生堂二次，课期按初二、十六两日。官斋分课，各延山长评定甲乙。膏奖由运库支发”。书院于乾隆五十七年(1792)由盐运使嵇承志重修，嘉庆六年(1801)由众商人出资重修，光绪二年(1876)由盐运使如山增学海堂经古课。经古课一次发十题，以五艺为限，十日为期。这应是该书院有别于天津其他书院的一大特色。

问津书院之所以为学界所重，在很大程度上取决于历任山长的学识及影响。据光绪二十五年（1899）《重修天津府志》载：天津道董承勋乾隆十六年莅任，“聘名进士吴联珠主讲问津书院……文风蒸蒸日上，登贤书，捷南宫者接踵焉”；天津知府金文淳乾隆二十八年（1763）到任，“崇尚文士，惠政甚多。罢官后主讲问津书院，课生童如弟子。凡所识拔者，无不腾达”。此外，安徽桐城人、著名古文家姚范（1702—1771），浙江会稽人、《越缦堂日记》作者李慈铭（1830—1895）等著名学者，亦先后担任山长。今人钱仲联、钱学增选录的《清诗精华录》（齐鲁书社，1987年）收入范当世诗一首，题为《天津问津书院姜坞先生主讲于此者八年，外舅重游其地，感欲为诗，乃约当世同用山谷〈武昌松风阁〉韵》。所谓姜坞先生就是问津书院山长姚范。姚范是乾隆进士，官编修，其文学主张对其侄桐城派重要作家姚鼐有较大影响。他主讲天津问津书院达八年之久。是诗有云：“姜坞先生此粥饘，百年乔木参风烟。公来再饮唐山泉，龙堂蛟室在眼前。”“粥饘”指问津书院的清苦生活。“龙堂蛟室”出自《楚辞·九歌·河伯》之“鱼鳞屋兮龙堂”。全诗共21句，对姚范在此讲学的业绩和为人，给予了热情的赞颂和较高的评价，并以“龙堂蛟室”喻问津书院的育人之功。

问津书院并非仅仅是为科举进身提供的场所，更是学者生徒探讨学问、增进知识的圣地。建院之初，这里就有“宵雅肄三”，颇具学术研究之风。光绪八年（1882），候补知县劳乃宣请准直隶总督李鸿章于书院内开设官书局，书局内悬挂书目，照原价出售，士子们争相购取，使书院内学风更加浓厚。光绪二十六年（1900）庚子之役，书院因兵祸被毁，惟讲堂三间未损。厨丁王恩荣将山长李嘉端补书的“学海堂”匾摘下藏匿起来，方免遭劫难。次年清廷采纳张之洞、刘坤一主张，下令将书院尽改学堂，问津书院遂改为民立小学堂。其后历经沧桑，原址老城拆迁前成为津源中学，今为问津幼儿园。

旧时的问津书院早已废弃，但在很长的一段历史时期内，确为天津培育了一代代学子。同治间，邑人华鼎元《津门征迹诗》有云："儒家衣钵孰传薪？学海堂前教诲频。不薄程朱尊马郑，先生只合作调人。"正是写的问津书院。《天津县新志》的作者高凌雯称天津"人才多出其中"，也是指问津书院；而他自己也在此受业。问津书院作为封建时代比较知名的教育组织和学术机构，对清代天津教育事业的发展、学术知识的传播以及对津沽地方文化的影响，都发挥过不可低估的作用。

2017 年 5 月

问津书院述略

张绍祖

始建于乾隆年间的问津书院是清代天津影响最大的书院之一。

书院由长芦盐运使卢见曾报请直隶总督方观承、长芦盐政高恒批准并督修而成。院落为长方形，占地面积2004.62平方米，建筑面积为901.47平方米，环筑学舍64间。前有照壁，后有二门。院内核心是中间的三间讲堂，由直隶学政钱陈群题堂额“学海”。讲堂两侧为东学舍和西学舍，讲堂前为院门，后为山长书屋。乾隆十六年（1751）八月兴工，翌年二月落成，由卢见曾与众商捐资，费白银2400多两。

卢见曾将书院命名为问津书院，取“汎海问津”之意勉励学子，其语见卢氏所撰《问津书院碑记》。书院每月初二、十六课为生童上两次课。每岁年老师的薪俸、学生求学的学费以及伙食费，全由运库“闲款生息项内支销”。清乾隆五十七年（1792），长芦盐运使稽承志重修书院。清嘉庆六年（1801）众商重修。直到光绪李鸿章督直时书院仍很兴旺，甚至在此开办书局，将书籍原价卖给学子以示关怀。

问津书院的目的是“延师选士”“肄业讲学”，为士子预备科举之所。书院多聘请名师授课。天津志书记载，乾隆十六年(1751)天津道董承勋，聘名士吴联株主讲问津书院，每次讲课都亲自恭听，使天津“文风蒸蒸日上”。曾任长芦盐运使的卢见曾、管椒轩、伍实生、叶绍本、杨蔚农等，也先后在书院课士，讲授诗赋和乐府等。李鸿章的老师李嘉端，同治间任书院山长，他重题了“问津书院”四字，又补书丢失的“学海堂”额。清同治九年(1870)九月，他又在学海堂前东南隅捐资凿井一口。

清光绪间，问津书院学海堂增设经古课，并更名为北学海堂，以与广东学海堂相区别。光绪十年(1884)，直隶总督李鸿章通过赵桐孙和孙竹篔，邀请著名学问家李慈铭主讲北学海堂，岁修白银1200两。他同时还主讲三取书院。李慈铭认为：“广东之学海堂实步我后，不应称北。”遂去掉“北”字。确实，阮元督粤建学海堂是在清嘉庆二十五年(1820)，比问津书院晚了近七十年。

在李慈铭的《越缦堂日记》中，记载了他的教学情况。如清光绪十年(1884)三月二十日写道：“是日课士。出北门，至三取书院，行释菜礼。晤运使及府学训导武汝绳、县学训导王清林。生童皆各命题。入城回问津，行释菜礼，复命生童题。此地士子皆驯谨知礼法，两处皆扃门试，逮夜二更始放毕。逾于江浙士习多矣。”二十四日又写道：“明日北学海堂小课，命题为《九族考》《张居正论》《竹外桃花三两枝》，赋以题为韵，拟唐懿宗追谥李德裕卫国忠公，制《潞水新开直河棹歌》。”李慈铭的教学方法是出题试士，然后批阅经古课卷，以分优劣。课士前十名的有膏火银五钱的奖励。两年后，李慈铭回到北京，仍在寓所为问津、三取两书院出课题，然后评改两书院诸生卷，偶尔还为来京的生徒评改试艺，也接受过生徒的礼仪馈赠。

光绪二十六年(1900)，书院因八国联军入侵被焚，只剩下讲堂三间未损坏。厨师王恩荣把李嘉端补书的“学海堂”匾额摘下藏起，才使其免遭劫难。光绪二十八年(1902)底，天津绅士卞宝廉、卞世清、张炳邀请林墨青创办天津民立第二小学堂。光绪三十年(1904)，该小学堂搬到问津书院旧址，学堂匾额乃直隶总督袁世凯的手书。该匾现依然保存，实为难得。该校1912年改为天津私立第二小学校，1937年又易名问津小学，1956年易名南开区南门里小学，1997年改为津源中学，是天津中山中学(今天津九中)办的民办公助学校。

2017年5月30日

附一：卢见曾《问津书院碑记》

世宗皇帝御宇，饬天下省会各立书院。盖缘教授等官，部选拘于年例，不必尽贤且文，又弟子员散处，无由朝夕相见，一一端其德行而课其材艺，乃于学宫庠校之外，别建一肄业之所，礼聘名儒掌其教，拔庠士之尤秀者，资以膏火之费，使朝夕与居，以授经而讲艺焉，其为兴德育才计，至深远也。嗣是郡县有司，承上意旨，通都大邑，往往设有书院，士习蒸蒸进而益上。天津以百川朝宗之地，而为京师左辅，感化最先，輶轩采风者之所首及，顾阙焉未兴，余窃病之。前太平府通判查君为义告余曰：“家有废宅，在运署之西南隅，其地高阜而面阳，形家以为利建学，盍筵之？”筵从，白之总督方公观承、署盐院高公恒，均报可，爰庀材鸠工，位其中为讲堂。堂三间，前为门，后为山长书室，而环之以学舍，凡六十有四间，计费白金二千四百有奇。经始于乾隆十六年辛未八月，落成于十七年壬申二月。适吉公庆来视盐政，为延名师，立教条，入学鼓箧，宵雅肄三，宾宴礼成，容止有秩。越翌日，诸生踵门谒请，所以名是书院者。爰进而诏之曰：“若滨海，亦知夫海乎？孔子之道，犹海也。学者蕲至乎道而止，今之制义，其津筏也。学者因文见道，譬如汎海者，正趋鼓楫，候劲风，揭百尺，维长绡，挂帆席。然后望涛远决，乘蹻绝往，以徐臻乎员峤、方壶、蓬岛之胜。若自崖而返，与终身于断港绝潢而不能达者，皆不能得其津者也。余姑导使问焉，毋致眩惑于沙汭之云锦，遘忤于暂晓之蜃像，则庶乎其不迷于所往矣。”诸生再拜曰：“有是哉！夫子之诏我也，敢不顾名思义，以勉承教思。”于是伐石记言，述事之缘起，而名之以“问津”云。

附二：杨光仪《学海堂碑记》

士必通经，乃可致用，而稽古者，往往难之，则以教之无其术且非其时也。天津书院创自乾隆十六年，前都转卢公雅雨颜曰“问津”，钱香树尚书复申其义，颜其堂曰“学海”，与河上三取书院并课之。夫百川以海为宗，虽支分派别，不至泛滥无归。学古而不宗经，何异一池一沼，取悦目前，试与之游长江大河，已色然骇矣。又乌知所谓沐日浴月，为百谷王者，以极其大观哉。惟肄业之士，方专攻帖括，其力每有所不暇。自卢公雅雨后，如管公椒轩、伍公实生、叶公筠潭、杨公慰农，曾兼课以诗赋乐府，而经学则阙焉。我赫舍里公冠九之都转来津也，谓士先器识后文艺，而欲观士之器识，必自书院甄别，始爰为厘定章程，量材而激励裁抑之，而犹未遽责以所不习也。阅二载，肄业者皆知争自策励。公顾之欣然曰："是不可不有以深造之。"因于制艺、试帖外，增设学海堂经古课，并设书局，倍损其价，虽寒素者亦得坐拥群书，抗心希古，非徒以供涉猎弋声华，惟器与识不囿，凡庸复谁能测其所至乎？百川学海而至于海，即古之以说经名家者，发而为大文章、大经济，且使性命之说得有所依据，显著于家国事物之间，亦将恃源而往，无多让矣。益以见公所厚期于士子，与士子所勉以报公者，如薪传火，自足留贻于无穷也。今公陈臬西川，诸生谋勒之石以垂不朽。颂曰：

繄惟津邑，实萃人文。东连溟渤，上映析津。户诵家弦，群游艺苑。教非其人，源流奚贯。公莅兹土，运转是司。既养且教，如水决渠。混混源泉，盈科后进。沾之溉之，无枯不润。居以福地，博以群书。惟公之力，经训菑畬。试席无哗，鱼鱼雅雅。惟公之力，万间广厦。于哉多士，爰得津梁。津梁伊何，曰学海堂。

大清光绪十六年，岁在上章摄提格秋九月谷旦，书院肄业举贡生童公建。

（碑在问津书院，连额高一丈，广三尺，十六行，行四十一字，正书。额题"学海堂碑"四字，篆书。）

问津书院起梅花诗社

缪志明

清嘉庆道光年间，梅成栋是一位“津人识与不识，群以诗人目之”的诗伯，曾“领袖（津门）骚坛者数十年”，其诗名，生前便有定评，有人称：“津门为京师孔道，往来诗人相访者，一见倾心，莫不推为作者。”有人赞：“树君诗清新俊逸，倜傥不群，置之唐宋名家中，几莫能辨，洵一代诗才也。”也有人誉其为宋代诗人梅尧臣的继承者：“扶持诗教万人称，妙绝清才继宛陵。”至于“白发骚坛推领袖”“骚坛独树三津帜”“一代骚坛独让君”“独留清韵在梅花”之誉，更在在皆是，故其一创立梅花诗社，便被推为不二盟主。

梅氏创办该社，意在承起复兴津门诗歌之责。他曾全面考察康乾以降的津门诗脉，对遂闲堂张氏、水西庄查氏所倡兴的勃勃诗风甚为向慕，而对“近时崇尚风雅者衰”则怀忧虑，因而纠集同好，欲使津门荡起“同时唱和，翕然大振”的中兴之风。

其实，该社创办前，天津已有一诗社，华鼎元《津门征献诗》便载：“乙酉，先生得交余竹泉，时竹泉佐幕津门，因与会稽陈石生、庆云崔念堂、钱塘陆秋生、宝坻高寄泉四孝廉结砚庐诗社。”所谓“乙酉”，即道光五年（1825）。梅花诗社即于次年在该社基础上成立，《津门征献诗》记：“丙戌冬，山阴张杏史、新建翁寄塘两孝廉侨寓津门，遂大集名流，结社于问津书院之双槐书屋……众推（梅）先生为盟主。值梅花盛开，故号梅花诗社。预是会者十九人。自丁亥至乙未，九年之内，入社者四十余人，一时称极盛焉。”“丙戌”即道光六年（1826），“丁亥至乙未”为道光七年至十五年（1827—1835），九年间共有四十余人参加该社，不仅有本地诗人，还包括山阴、会稽、钱塘、新建、庆云等地的侨津者。此条史料表明，该社成立之地，乃在问津书院，《天津县新志·人物艺文》所言“成栋尝就城西查氏水西庄起梅花诗社”，应该有误。

关于该社集会，廖炳奎在《欲起竹间楼文集跋》中有这样一句：“其笃于风雅也，于梅花诗社二十一集见之矣。”“二十一集”说明了该社活动之繁。廖氏还称颂梅氏道：“主持坛坫，扬风扢雅，挽一时之风气，传三津之美谈，与水西庄后先辉映。”乃是对其主持诗社功绩的公允之评。

道光十六年（1836）冬，梅氏出任永平训导，社友曾为其饯行，沈兆沄有《梅三广文之任永平，诗社同人饯于敝园，即席次留别韵》记其事。至道光十八年（1838），社友孔宪彝又作《戊戌三月二十日同温东川检讨、钱东士户部、李采仙、高寄泉、嵇云裳、徐浣云、邱小迟、陆秋生、丁拓唐、华梅庄、李晴湖诸孝廉集饮，兼寄梅树君广文》，内曰：“漫拟兰亭册二贤，风流梅社叙前缘。”可知直到这一年，该社仍在津坚持其活动。

（载于 2017 年 8 月 16 日《今晚报》第 12 版“副刊·津沽”）

直隶官书局:初设问津,转售他版

韦 力

天津到北京其实距离很近,如果只算高速公路的里程,仅仅97千米而已,但以我的经验,这两者之间的交通也没那么便利。京津塘高速是中国第一条严格意义上的高速公路,但正因为其早,所以路幅设计较窄,仅有上下四条行车道,虽然说这种设计乃是现有中国高速公路的主体,但毕竟天津和北京之间交往的密切程度远高于他地,因此这条路拥挤不堪。不知道出于什么原因,原本这条高速路限速是110千米,前些年却降为90千米,没有任何原因的降速,这在他地也颇为罕见。

虽然说,京津之间又开通了第二条高速,但那条路的有些路段借道于其他高速线,使得该路绕来绕去,路途至少远了1/3以上。两个城市之间的高铁虽然早已开通,但两地高铁站之拥挤程度至少让我望而生畏,若非远途,我还是不愿意去那里挤来挤去。既然如此,那只剩自驾车这一条路,于是在电话中跟王振良先生约定好，在某个周六的一大早，开车前往天津去寻访。

虽然王兄知道我是自驾车而来，但他还是约来了陈景林先生，请陈先生驾车带我们俩在天津市内跑几个地方。可我还是觉得方向盘掌握在自己手里最为牢靠，于是请景林先生上车，我们一同在天津市内兜来兜去，转了一整天。

此行的第一站，是前往天津博物馆。前往此处倒不是为了参观，而是因为问津书院的匾额藏在此馆内。然而我来此寻访，也不是为了写问津书院，目的只有一个，就是寻找直隶官书局的遗迹。雷梦辰在《直隶书局创办始末考》一文中说："该局确系直隶总督李鸿章依据补南皮县知县劳乃宣的建议创办的。光绪七年一月至光绪八年一月为筹建期。光绪八年二月初九日开业。局分两处，一、省城保定，局址设在城内西街，由畿辅通志局经理；二、天津，局址设在鼓楼南大街问津书院内，由海防支应局经理。"

这段话乃是雷先生经过一番资料罗列后得出来的结论，关于这个资料的来源，我在下面细聊。由此可知，直隶官书局天津这部分就是设立在问津书院之内，而问津书院被毁之后，其匾额辗转来到了天津博物馆内。王振良告诉我，匾额总计有两块，其中一块"问津书院"放在了展厅内，另一块"学海堂"他已经问过博物馆的朋友，对方告诉他那个匾额被堆在了某地，无法翻得出来，故只能拍照展出的那一块。

天津博物馆处在河西区，这一带曾是我熟悉之地，然而十几年没来，河西的变化可谓巨大，尤其难得的是在天津宾馆不远处建起了一大片的博物馆区域，这里的整体规划让我想起了悉尼歌剧院周围的情形。但不知为什么，这等巨大的博物馆区却难以停车。为了让我少走路，王、陈两位老兄争论了一番，最终还是决定停在马路边，而我的车在那里兜了两圈，才看到一个很小的车位。

将我的这辆大车挤进那个小车位，确实很不容易。当别无选择时，也只能在此展现一下我的车技，这让我想起魔术师刘谦的那句招牌台词——“见证奇迹的时刻到了！”于是，我在那里左转右扭，经过几番折腾，终于把那辆车塞了进去，这让停车管理员都为之赞叹，他的赞语让我大感受用——原本8元的停车费，陈景林递上了10元，我却大方地说了句“不用找了”，我的慷他人之慨，令几个人包括管理员在内，都笑了起来。

天津博物馆虽然不用花钱买票，但是需要用身份证换票，而我等均未带这个证件。最后还是陈景林有办法，他跟换票员提到本馆的一个领导名字，此人摇摇头说不认识，陈大夫毫不气馁，一个一个地把名字念下去，直念到那个人不耐烦了，挥挥手说，“好了好了，给你们票吧”。我等胜利地走进了博物馆的大厅。

博物馆可谓体量巨大，王振良说其藏品规模可以排在全国前五，他来了多次，展览都没有看全过。但我不知道他是不是有着乡贤般的偏私。尽管我知道王兄不是天津人，然而他对天津文化却有着别样的痴迷。我心中还惦着其他的寻访之处，所以无法印证他所言的这句话是否能够落到实处，于是只问他那块匾额在哪里。我的消极回应显然令王兄不满意，但他还是告诉我，这块匾就在一楼的展厅。王兄同时强调，此匾处在一楼展厅的末端，为了让我能够详细了解天津历史的变迁，他还建议我从展厅开头一路看下去。

我听从了他的这个建议，完整地观看了天津历史展。

这个展线从原始人讲起。王振良告诉我，他刚来天津时，天津的历史可以追溯到六千年前，而现在经过考古发掘，已经在六千年历史之上又加了近三万年，于是从三万四千五百年前看起，直至看到清代的那块匾额。我觉得自己要大幅提调今日的耐性，虽然果真在这里看到了陶器，看到了甲骨文，还看到了那么多的青铜器。但是，细看之下，这些物品大多都是仿制品，尤其那块甲骨，虽然上面刻着不少的字，但可惜制作手法不甚高明。但这个展线中也有我感兴趣的物品，比如那块复制的《鲜于璜碑》，虽然这只是复制品，但我毕竟看过原物，并且还看过原物的仿制品，这样层层递延下来，摆在这里的这块《鲜于璜碑》显然只能算是影子的影子。但即便如此，这块碑也能说明早在汉代，天津地区已然颇为发达。

总体而言，这个展览在制作方面下了不小的心思，仅凭此点就增加了我对该馆的好感。我沿着展线看下去，终于看到了那块“问津书院”匾额，其面积之大，完全可以借此来想象悬挂此匾的房屋之高大。

在这个匾额的下方，还有王襄的考试卷复制品。其实，王襄对于甲骨文的发现做出过很大的贡献，虽然说世人大多把王懿荣视为甲骨文的发现者，但可惜王懿荣发现甲骨文后不久就以身殉国，他对此未曾展开研究。在这方面，王襄显然要比王懿荣知道得多很多。

看完了匾额，我当然还是要到问津书院旧址一看。关于直隶官书局的旧址，许多文献都称其设在水月庵内，比如邓文锋在《晚清官书局述论稿》中就有如下的表述：“在省城保定开办书局的同时，天津亦于城内问津书院设局售书，光绪二十四年(1898)迁至城东南的水月庵内。”而这段断语的来由，大多依据光绪版《天津府志》中的记载：“官书局。未建官房，设在城东南水月庵内。光绪七年(1881)，直隶总督李鸿章饬备成本，购运各省新刊书籍，设局照本发售，俾北方寒士增广学识。经运使如山在运库领告杂费项下筹备银五千两，海防支应局筹备银五千两，以作购书成本。”

既然如此，那为什么还有些文献上说，官书局设在问津书院呢？对于这件事，我向王振良作了仔细的咨询。他告诉我说，此局的创办地点确实就在问津书院，只是后来一度搬到水月庵。对于这个问题，雷梦辰在文中也有表述："考其局址的变迁如下，在光绪二十二年(1896)前后，由问津书院迁到南门内水月庵内，光绪二十八年(1902)前后，又由水月庵迁至北马路。"虽然说水月庵也是直隶官书局旧址之一，但水月庵早已拆得没有了痕迹，所以要探访直隶官书局旧址，只能去看此局的创建之地——问津书院旧址了。

问津书院旧址处在天津老城厢的鼓楼南街，原本我对这一带也很熟悉，虽然当年是破破烂烂的一片老城区。20余年前，国内闻名的烟标收藏大家汤瑞芳，就住在这一带的小巷内。他去世几年后，我有幸将其藏品全部买了下来。汤瑞芳藏品中的精品部分，大多得自20世纪50年代同样是烟标收藏名家的郝九川先生。我得到了这份完整的递藏，其兴奋程度可想而知，也正因为如此，我对南门这一带有着本能的好感。而今王振良带我再次来到该处时，我却无法将眼前之景与原本的记忆叠合在一起，因为这里全部变成了仿古的商业街。王振良说，这是前些年本市进行的一场改造，原本这一带有百余处名宅和大院，如今却没有了踪影。这番感慨让我心里有了暂时性的黯然。

因为是周六，这条商业街上拥挤着不少游客。虽说各地旅游景点所售之物大同小异，然毕竟还是有小异在，比如我在这里看到的一种食品，名为"蛤蟆吐蜜"。远远看到这几个字，就让我的好奇心爆棚。来到问津书院这一带时，王振良忙着用电话联系约好的熟人，在等候期间，我赶忙去满足自己的好奇心。

我在小贩的摊前仔细观赏了一番，问店老板何为叫“蛤蟆吐蜜”，店主却告诉我：“你买一包我就告诉你。”这让我想到古代笑话中某人卖止痒秘方，有人掏钱买下后打开纸包，里面仅写着两个字——挠挠。我不确定这“蛤蟆吐蜜”是否也跟“挠挠”异曲同工，还是决定以身试蛤蟆买了一包。店主果真有信用，他向我讲解了此种食品的与众不同之处。听后，我觉得他的这个构思，比“挠挠”确实要高一个档次。

满足了好奇心之后，我接着拍附近的街景与新修的鼓楼。拍照之间，王振良找到了他所托的朋友。王兄介绍说，此人是天津市华侨书画院院务委员王冠铎先生。王先生很是热情，用标准的天津话向我表示欢迎，而后带我走入一个名为“问津幼儿园”的小院落。

这个院落正在硬化地面，我等只能沿着缝隙左右腾挪地走了进去。为何书院变成了幼儿园？王振良告诉我，进行旧城改造之前，此处已经成了学校。还未等振良说完，王冠铎递给我一份简介，第一句话就是：“问津幼儿园坐落于天津‘问津书院’旧址，即南开鼓楼商业街南街28号，是一座古老幽静的平房小院。”细看这份简介，乃是一份招生广告，然而广告的背面，却印着该园的历史介绍。这段历史介绍对于了解书院的变迁颇有价值，其文摘引如下：

天津志书记载，问津书院在城内鼓楼南，是清代天津比较有影响的书院。世事沧桑，庚子年义和团运动后，“问津书院”改名为民立两等第二小学堂，民国初期大约在1911年至1915年间又改名为天津民立第二小学堂，当时袁世凯手书匾额一块，悬挂在大门口上。1926年改为“私立第二小学”，1937年又易名为“问津小学”,1956 年人民政府接管后改名为“南门里小学”。1997 年后,这座民办的古老书院,又变成了具有民办性质的现代中学——津源中学。据津源中学的老师介绍,现在的校舍面积比以前有所减少,原来的后院与操场在鼓楼广场的修建中被占用,现在鼓楼广场一侧即是学校的操场所在地。原先位于现在鼓楼南街之上的学校大门,也在鼓楼施工过程中被拆除。

振良兄果真不负“天津文史专家”之名,他看了几眼这份广告,迅速地指出广告中的几处不确,看得出王冠铎先生对振良兄的意见很是重视,他希望振良能够帮他们写一份更为准确的介绍词。

问津幼儿园的面积很小,仅相当于北京一个小型的四合院。对于院中原有的旧物,那份幼儿园简介中也有描述:

由于年代久远,“问津书院”的格局变化较大,值得庆幸的是原来保存下来的三间讲堂一度被隔成六间教室, 现在还有两间。后院内小操场边尚有一棵腰围 2.07 米的古槐树,这是当年“问津书院”仅存的古迹。

我在这里确实看到了一棵大树,但从树型及叶片看,我觉得不像槐树。王冠铎马上笑着说,这确实不是槐树,这是一棵白蜡树,那棵槐树已经包在另一个院内了。顺其手望过去,果真在隔壁看到了一棵老槐树。我希望能到那个院内拍照,冠铎先生很爽快,带着我们二人走进了正在装修的幼儿园,室内竟然有着大幅的问津书院告示,看来幼儿园也要隆重地打出文化牌了。穿过这间教室,从后侧又绕到院外,从另外的门进入了另外一个独立院落。王冠铎解释说,这些原本都是问津书院旧址,如今他们将此地作了分割,一部分变为幼儿园,另一部分装修之后,将租给某职能部门。

穿过一间正在做分割的大房间,就来到了后院。这个后院的面积比幼儿园大了不少,尤其是一间大房屋的门上,还悬挂着"学海堂"匾额。此匾虽然是新刻的,但还是令我有些吃惊。我马上问振良兄,难道这里跟阮元有关系?振良笑称,这个学海堂要比阮元在广州搞的早多了,可惜的是这里的主持者不如阮元名气大,以至于人们一听到学海堂,就会想到广州,没有办法,问津书院的学海堂只好称之为"北学海堂"。这倒是一个有趣的掌故,由此也印证了名气是何等重要的软实力。

这个院落的每个小房间门口都挂着小木牌,木牌的名称均很特别,有博文、三取、会文、问津等。振良解释说,这些都是清代天津书院,可惜天津古代的书院,至今尚能考出遗存的仅有此处了。用这些铭牌来怀念曾经的辉煌,这的确是一种创见。

看完铭牌,我当然还惦记着那棵老槐树。这棵树处在院内的一个角落,从四周的围墙来看,后来的建造者刻意将该树保留了下来。这份对历史的尊重,在今天已然是一种优良品质。而王冠铎先生更向我强调,旁边的一棵古藤,年龄远比那棵槐树大得多,振良兄也说他未曾注意到这一点。其实院里还有一棵石榴树,我感觉这棵石榴的年龄,也不比古藤小到哪里去。

王冠铎显然对书院的历史有着强烈的兴趣,他向振良兄询问着更多的线索,而他们之间的聊天引起了我的注意。冠铎先生说,前来此处寻访的人,除了找问津书院，也有人来找直隶官书局，他印象最深的一件事，是来过一批台湾成功大学的学者，这些人说当年袁世凯任朝鲜总督时，曾经带领大批朝鲜人来此选购书籍。

王冠铎讲的这个故事很重要，看来当年直隶官书局对外的影响很大，而袁世凯也帮着这里“推销”。我问王冠铎，这种说法有没有史料佐证，他称成功大学的老师告诉他，该校学刊中载有详细叙述的文章。可惜的是，我无法找到这份学刊。其实，从历史资料记载来看，设在天津的直隶官书局并不刊刻书籍，其经营办法是从南方各地的官书局购进书籍，而后在当地售卖。王振良主编的《问津书库》，其中有个系列叫“天津记忆”，其第三种为雷梦辰原著、曹式哲整理的《津门书肆记》，其中对此就有详细的考证。

雷梦辰乃是琉璃厂著名书商雷梦水的弟弟。雷梦水是位有心人，他总是跟在店主孙殿起后面，努力学习版本知识，而这位孙殿起在经营之余，从伦明那里学到不少书史掌故，而后在伦明的鼓励之下，开始留心经营过程中的所见所闻，而后写出多部著名的目录版本学著作，比如《贩书偶记》《琉璃厂小志》等。而雷梦水后来也效仿孙殿起，写出了《书林琐记》等，并整理了《贩书偶记续编》。

雷梦水的弟弟雷梦辰在天津经营旧书业，之后公私合营，雷梦辰成了天津古籍书店的店员。20 世纪 90 年代中期，天津古籍书店经理曾带我前往雷梦辰女儿家中去拜访雷先生。当时雷先生已退休，他的生活状况我不能了解更多细节，但跟老先生聊天，我却没有感受到商人气息，体会更多的是一位谦恭的长者。他送给我一本自己的专著，我印象是《清代各省禁书汇考》。

振良兄主持重建的问津书院，从外观看很像北京 798 艺术区内的艺术工坊，建筑的每个细节都透露着后现代极简主义的表现风格。书院的一楼被布置成了书房模样，在这里我又看到了问津书院的匾额，此匾则是出自来新夏先生之手。我与振良兄相识也是缘于来先生，当年振良兄主持来先生八十寿辰纪念会，而在此会召开的前几天，我正在外地寻访藏书楼，接到来先生的电话后，立即中断既定行程，乘高铁前往天津。在那个会上我第一次见到王振良，年轻而又有这等大作为的他，让我顿生敬意。而后的交往中，我了解到了他更多的细节，由此得知他不仅关注天津的历史掌故，更是涉猎广泛，问津书院由他来主持，该院的品位可见一斑。

然而，这处新建的问津书院距离振良兄带我所看的旧址却不近。振良解释称，新的问津书院确实跟老院没啥关系，仅是借用其名而已，以此来彰显天津书院的历史延绵不绝。在新的问津书院里，每过一段时间都会举办文史讲座，他边说边带我进入讲座现场。我在现场看到听众不少，可见这种讲座办得颇为成功，尤其引起我注意者，乃是屋侧摆放着的一尊木观音，虽然这里灯光比较昏暗，但我依然能感觉到那是个老物件。

关于直隶官书局的设立，以往文献大多是引用魏隐儒在《中国古籍印刷史》中的一个章节。因为该书局的材料偏少，所以魏隐儒的这段话被许多文章予以转引，然而 1993 年第 1 期《出版史料》上刊发的汪家镕撰《"直隶官书局"和湖南书局》一文，对魏隐儒的这段描写提出许多反对观点。汪家镕全文摘引了魏隐儒的这段话，为了进行对应分析，汪还将魏的这段话加上一些序号。汪家镕的这篇文章收录在了《商务印书馆史及其他——汪家镕出版史研究文集》一书中，我将该书中摘引的魏隐儒那段话抄录如下：

直隶书局。光绪七年天津县知县劳乃宣申详总理各国事务衙门奏准设立书局，当时指派孙家鼐总理其事，所刻各书，本打算着重在各国有关法律、经济、农业、工农业、测算以及武备外交等方面，同时，凡属有利于国计民生与对外交涉的译文图书，均刊印出来以广流传。初意未尝不善，而且刻书范围也相当广泛，可惜经费无着。原奏由总理各国事务衙门每月拨银千两，专为延聘教习翻译书籍的开支，而刻书的经费却无来源，为了做到名副其实的书局，于光绪二十二年，由总理各国事务衙门咨行各省督抚转各书局，将刻印的书籍解交上海招商局代收代运，由直隶官书局寄售。私家印刷的书籍则承揽代销。如商务印书馆、文明书局编印的各种课本，李光明书庄印刷的童蒙读本等，都交直隶官书局代销，书卖以后再行付款。就这样，总算把一个白手起家的书局搭起来。起初设在当时省会所在地——保定府，光绪末年又分设于北京，委刘春霖、边怡园、宋星五分任经理，后官家停止拨款，也就等于撤出官股，无形中官书局就变为刘春霖等三人私有了。国民党统治时期，直隶书局因经营不善，京、津、保三处相继停业。

对于魏隐儒的这第一段话，汪家镕做出了如下的评判：

魏先生似不懂清代官制。总理各国事务衙门是专门办理与洋人打交道有关的事的，但它不是外交部，更不是和兵、刑、吏等六部并列的一个部。它是政治中枢军机处的分出机构，军机大臣兼署总理衙门大臣，因而它是一个“武”衙门，所以它的官员都从军职称，如它调用六部主事，到总理衙门都称为章京成为武官。

如唐文治、沈曾植等都在总理衙门呆过，原为六品主事，至衙门仍处理文案，改按军职称章京。总理衙门后来也办理各种新政，但这并非它的本职，都是军机处移办或皇帝亲自一件件交办的。如果仔细读一读《光绪东华录》，就可以发现，总理衙门的奏折，开头必定是“年月日奉上谕”或“年月日奉军机处抄交”（有关外交例外），可以证明。知县是七品小官，只能向自己的上司上禀。知县是无法把意见捅到总理衙门，请总理衙门代奏的。如果在1881年，天津附近的知县，有大事则请直隶总督李鸿章代表，又“申详”这两个字什么意思？

由此可知，魏隐儒的叙述确实有不周严之处，然而汪家镕所作该文的题目则是把“直隶官书局”五个字用了引号，他这么做的目的，以我的猜测乃是认为直隶官书局并非严格意义上的官办书局，而后他在文中引用了孙殿起在《琉璃厂书肆三记》中的说法：

直隶书局，宋魁文，字星五，南宫县人；边□□，字义元，交河人；刘□□，字慰琴，满城人，于宣统元年开，并在天津、保定各有分号。至民国□年三人分手：天津为边义元所有，北京为宋星五所有。至民国二十六年，星五因年老返乡，易王□□，字李禹，于三十四年徙铁厂。其原址近易布云文具商行。

对于这段话，汪家镕做了如此的评判：

宋魁文，即宋星五的直隶书局刻过书，和上海文瑞楼还合排过书。可见孙殿起所说北京为总店。在《鲁迅日记》中，有“直隶书局”记录 20 多处，从所记内容看，直隶书局是琉璃厂一家普通旧书店，并无异于一般私营旧书店的官气，不论从卖的书、代客修补、装订等。但从称呼看，鲁迅前一段日记中，在店名中加“官”字，后一段则不用“官”字。这就要我们艰苦发掘材料来弄清，但无论如何不能将 1881 年劳乃宣的禀呈直隶总督李鸿章建议在省城保定与天津筹建书局、1896 年孙家鼐的官书局、宋星五的直隶书局三者捏合在一起。

汪家镕由此断定，宋魁文所办的直隶书局乃是私人书坊，跟官书局没有关联，而其引用《鲁迅日记》中的话，因为鲁迅在日记中，前面提到了官书局，后面就没有了这个“官”字。假如按照汪家镕的判断，那鲁迅为什么在日记中，曾经有“直隶官书局”这个说法呢？查《鲁迅日记》，他在 1912 年 6 月 29 日写道：“下午至直隶官书局购《雅雨堂丛书》一部二十册，十五元；《京畿金石考》一部二册，八角。”鲁迅在这里明确用到了“官书局”，如果这直隶书局乃是私人所办，恐怕要想在名称上冠以“官”字，绝无可能吧。更何况《琉璃厂书肆三记》中所记载者，乃是“直隶书局”，其中并无“官”字，因此说，把直隶官书局视为私人所办，似乎缺乏证据。

那如何来解释直隶书局和直隶官书局呢？萧振鸣先生在《鲁迅与他的北京》一书中有过这样的表述：

光绪八年三月，经直隶总督李鸿章批准，直隶官书局在保定、天津开业，发售各省书局的书籍，后也代销商务印书馆、文明书局的新式教科书。民国以后，直隶官书局更名直隶书局，除主营南方新书外，又增加寄售与收购古旧书籍业务，在北京也设立了分支机构。《鲁迅日记》中从 1912 至 1923 年称其为“直隶官书局”“官书局”,1923 至 1936 年就称直隶书局了。

肖先生的这段话说得颇为明确,官书局就是经李鸿章批准后的官办,只是到了民国之后,才将其改名为直隶书局,而进入民国之后,原属于清朝的官办书局经不存在,有人接办该书局,当然不能再冠以“官”字。我觉得以此来理解这两者之间的关系,较为能够说得通,这也是《鲁迅日记》中早期称“官书局”,而后来径称“直隶书局”的原因。而孙殿起在文中,则讲到直隶书局乃是由私人创办,我不知道那个时候的工商注册是否需要审核名称,也许是直隶官书局已停办,而有人觉得这个名称较为响亮,于是另外注册了一家直隶书局,如果是这样的话,估计从递传情况看,那么这家直隶书局跟直隶官书局,确实没有半毛钱的关系。

对于鲁迅到直隶官书局或直隶书局买书的次数,汪家镕称鲁迅日记中记录了二十多次,显然汪先生没有细数其中的次数,而萧振鸣的表述则比汪先生所言多了十次以上:“鲁迅从 1912 年至 1926 年光顾直隶书局 30 多次,购书的品种也很多,包括金石学、文学、医学、考古、美术,等等。”然而,对于雷梦水将孙殿起《书肆三记》中的空字部分填实为刘春霖,汪先生在其文中做了如下的确认:

附带说明一下:前引《琉璃厂小志》是 1962 年版,该书 1982 年重印时,雷梦水先生将“刘口口,字慰琴”改为“刘春霖,字慰琴”。曾向雷先生请教过,承告,“一般传说是刘状元所开”(并未说被委派)。但我们知道,状元刘春霖字雨三,肃宁人,而字慰琴的是满城人。可见雷先生改动并无根据。

但是也有人有着不同的看法,比如高建军、杨金平所著《河北历史名人美德故事》中有这样一段话:“刘春霖博学多才,兴趣广泛。他对古文学、史学和金石学造诣深厚,并对小学研究有素,颇多见解。因博学,不惜重金购书,多善本,藏书在万册以上,在保定等地开设‘直隶书局’数处,对中华文化的传播起了一定作用。”

这段话明确地说,刘春霖办过直隶书局,但却没有说他办过直隶官书局。不过此美德故事书的依据是什么,文中未予给出,故也只能算是有此一说。

以汪家镕的观点,这直隶官书局到底存在不存在呢?他在针对魏隐儒的那段引文第八条中说:

如果直隶省真有一个书局,在天津设分号或有之。至于到京师就说不过去了。京师在顺天府,顺天府属直隶省。这在(光绪)《畿辅通志》第2卷里说得明明白白。但魏先生不知,历来顺天府不由直隶管,而由六部京卿受命兼理,亦即皇帝直接委派。所以直隶省例不在京师搞事业。更何况那时人在政在,人去政亡。1881年直隶是李鸿章任总督,如果他真是办了直隶书局,到光绪末年,他人都死了好几年了,还有谁管他的书局发展的事!如果说这书局是皇帝直接委派的人办的,就无设在保定,连刻书经费都没有的理由。且不说每月还1000两月规。1000两是什么份量,恐怕魏先生并不了解。

汪先生在这里说了一句活话,认为直隶省假如真有这样一个官书局,那么他可能在天津设分号,而在北京设分号的可能性就没有了,因为这涉及地域管辖权的问题。

对于魏隐儒文中提及的劳乃宣是天津县知县问题,汪家镕在文中予以了纠正:“劳乃宣不是天津县知县,光绪七年(1881)他是天津府南皮县知县。说他光绪七年(1881)‘中详’总理衙门奏准设立书局那是无影的事。但那年他确有一个关于书的禀给直隶总督李鸿章。”

虽然如此,其文中也确实引用了劳乃宣给李鸿章所上请求开办官书局的禀。对于劳的这篇禀文,雷梦辰在其《直隶书局创办始末考》中予以了引用。雷梦辰在该文中说:“拙文《津门书肆记》,因未详加考证亦引用其说,经过考证之后,故写此文。其误文中如:天津知县劳乃宣申详总理各国事务衙门奏准设立官书局。按:应是题补南皮县知县劳乃宣申禀建议李鸿章设立直隶运书局。”看来,雷先生也受魏隐儒那段文字的影响。他在撰文中把劳乃宣写成了天津县知县,这种知错就改的态度颇具学者之风。

劳乃宣在禀文中讲述了读书对社会的影响,而后他在文中有如下提议:

> 窃南方各省书局,所刻之书率多善本,足以嘉惠学者。而北方艰于运致,尚少流通。拟请中堂酌筹款项,交招商局于各省书局买备各种书籍,运津转发各省,原价发卖。即交志局经理,收回价本,源源转运,并通饬各府州县,备价赴局领回转发。如此办理,于官本无损耗,而遐陬僻壤皆得睹典籍之富。有志之士既可以进于博通,浅学之人亦可以化其别鄙陋,于作育人材之道大有裨益。

劳在这里明确称,南方官书局所刻之书很好,但是北方却难以得到这些书,所以他提议请李鸿章筹备款项,交给招商局去南方的官书局买书,而后在天津转售。劳乃宣的这篇禀文,刊载于光绪七年(1881)畿辅通志局所刻《直隶运售各省官刻书籍总目》之中，以下引文科称《总目》，而该《总目》同样载有光绪七年(1881)二月十五日李鸿章对劳乃宣之禀折的批文：

该令以北方书籍甚少，庠序之士有终身不识经史篇目者，美质因之废弃，殊为可惜。拟请于保定省城及天津设运书局。保定即交志局经理，天津即交招商局经理。筹借公款银三四千两作为成本。由志局酌定应买书籍数目，开单移交招商局赴各省书局购买，轮运至津，转运省局发卖。收回价本，源源买运。洵可培养人材，俾其增广学识，期臻实用。候行沪、招商局、省城志局，将所拟章程分别妥筹，议覆核夺。

由此可知，天津的确有一所直隶官书局，而此书局仅是出售南方各书局所刊刻之书，而其本身并未有刻书和出版的文献记载。

对于这一点，光绪八年(1882)九月十七日的《申报》也仅提到很多人到问津书院的官书局内买书之事：

津门虽为通商码头，百货骈集，然书坊甚少，藏书之家亦不多觏。目下，当道诸公深念经籍为士类必需之物，特就鼓楼南问津书院设一官书局，由南购运各书，平价发卖，牙签玉轴，出色当行，郡人之往购者亦复趾踵相接，嘉惠士林洵非浅鲜矣。

对于直隶官书局售书的情况，雷梦辰在其文中有如下一段说法：

光绪八年海防支应总局售书告示：总理海防支应总局奉阁爵督宪札饬：筹备成本购运南省官书来直，原价发售，以惠士林。现择问津书院设局发卖，已将各省官书局书籍一律运齐安放，并于局内悬挂总数目、售书章程，又留存刊就总书目一本。所有价照原价南省十足制钱，划一不二。定于二月初九日开售。士子欲买购，到本局查阅书目，照章付钱取书无误。其各府州县尚未由地方官运书发卖者，各士子亦可转托亲友赴津照买。

然而关于这个售书告示的来源，雷梦辰在文内小注中说："本条系亡友姚予节先生摘自某书卷中。"可惜雷先生也不知道这段话是从哪本书中摘录出来的。由此可知，直隶官书局所售之书没有折扣，但是售书给官府是否有折扣，我却未查到相应的史料。《晚清官书局述论稿》中引用了当时抚宁县知县罗正钧的禀文：

敬禀者。窃卑职前因骊城书院并无藏书，以致颖慧之士非安于固陋，即蹈于俗学，求能用心根柢之学者甚鲜。当于天津官书局购致经史掌故各种，并以行箧所携之书共凑成二千三百余卷，捐置院中，以资诵习而端趋向，业经宪台批准在案……因思立身以经术为基，而致用尤以史学为切，卑职复由津购就史部切用之书一千一百余卷，俱系局刻原本，捐入院中，合前共三千四百余卷，一并藏储，以资学者诵习。(《劬庵官书拾存》卷 2)

由这个记载可知，当年直隶官书局售书之名很响，而其所卖之书仅是按照进价加上运费及搬倒费，不以营利为目的。以上所言，均为直隶官书局的一些细节，而关于直隶书局的情况又是如何的呢？雷梦辰在文中引用了1923年天津直隶书局的售书启事：

> 敬启者，本局自开设以来，凡二十余年，素以保存国粹振兴文学为职志，运售适应新制之各级学校课本、杂志，以及铅、石印经史子集、医卜星相等书，莫不印刷精良，纸张洁白，校勘详审，字迹清晰，为有目所共睹，毋庸赘述。更派专员分赴各省搜罗先朝旧刻家藏手抄，暨五局精印木版书籍，陈列本局，以备大雅君子之遴选。

这段话是雷梦辰摘自1923年5月出版的《直隶书局书目录》。那天见到陈景林先生时他告诉我，20年前他曾送给过我一本这个目录，可惜我不知道将其放在了哪里，而雷梦辰则有心从中摘引出了目录中的这段话。

从该目录的名称来看，此时这家书局已经没有了"官"字，而其所售之书同样是南方五家官书局所刻，因此即便直隶书局跟直隶官书局没有递延关系，但在所售之书上却有着相同之处，只是随着时代的发展，直隶书局出售之物已不仅仅限于官书局所刻之书，甚至超过了书的范围，同时开始经营文房用品，这本1923年的《目录》中写道：

> 至铅、石印书籍，如承惠顾，当照定价另打折扣，批发格外克己，诸希公鉴。再者，本局自造国货石版、石笔、球拍、风琴、湖笔、水笔、徽墨、砚池，以及学校应用

各种仪器，莫不制造精良，价格低廉，如蒙赐顾，曷胜欢迎。

除了“直隶官书局”，还有一个名称为“天津官书局”。《晚清官书局论述稿》中录有光绪三十年(1904)七月一日《北洋官报》所载“天津官书局”广告：

天津官书局。同保定总局，自运各省官刻家藏木板石印铅印经史子集、新译经济时务策论并各学堂应用书籍及中外地图、原刻洋文。赐顾者至北马路路南本局购取，价值格外从廉，划一不二。特此布告。

这里称“保定总局”，而保定显然没有“天津官书局”。如此说来，这里所说的保定，应当指的就是直隶官书局，因为在那个时代保定乃是直隶省的省会。这样推论起来，天津官书局乃是直隶官书局设在天津的分部，但是这个分部是不是就是最初设在问津书院的那个直隶官书局呢？从劳乃宣的禀文以及李鸿章的批示来看，似乎两者没什么关系，而邓文锋在其专著中也未能给出答案。看来，要想搞清楚这两个官书局之间的关系，还有待文献的进一步发掘。

2017年5月19日

津门创设官书局

王勇则

天津国营书店始于光绪八年(1882)。当年10月28日,《申报》载《创设书局》文云:“津门虽为通商码头,百货骈集,然书坊甚少,藏书之家亦不多觏。目下,当道诸公深念经籍为士类必需之物,特就鼓楼南问津书院设一官书局,由南购运各书,平价发卖。牙签玉轴,出色当行。郡人之往购者亦复趾踵相接,嘉惠士林,洵非浅鲜矣。”

此为迟到消息。光绪八年(1882)二月,总理海防支应总局告示:“奉爵阁督宪札饬,筹备成本,购运南省官书来直,原价发售,以惠士林。现择问津书院设局发卖,已将各省官书局书籍一律运齐安放,并于局内悬挂总书目、售书章程,又留存刊就总书目一本。所有价值,照南省十足制钱,划一不二,定于二月初九日(3月27日)开售。士子欲买购,到书局查阅书目,照章付钱,取书无误。其各府州县尚未由地方官运书发卖者,各士子亦可转托亲友赴津照买。”

此举源自南皮县知县劳乃宣光绪七年(1881)初向直隶总督李鸿章进言:“南方各省书局所刻之书。率多善本,足以嘉惠学者。而北方艰于运致,尚少流通。拟请中堂酌筹款项,交招商局,于各省书局买备各种书籍,运津转发省城,原价发卖。即交志局经理,收回价本,源源转运,并通饬各府州县,备价赴局领回转发。如此办理,于官本无所损耗,而遐陬僻壤,皆得睹典籍之富。有志之士既可以进于博通,浅学之人亦可以其化鄙陋,于作育人材之道大有裨益。”李鸿章激赏其所拟“省城、天津设运书总局两处”等章程九条,遂饬轮船招商局、省城志书局等筹议办法、措置经费。《重修天津府志》卷二十四:“运使如山,在运库领告杂费项下筹备银五千两,海防支应局筹备银五千两,以作购书成本。”

1881 年 5 月 15 日李鸿章裁定:“江宁、苏州、扬州、江西、浙江、湖北、广东、福建均有书局,候咨请各省督、抚、院,饬将官刻书目、价值及能否九五折给价,详细开单咨送来直,分别办理……将来运到时,省城即在志局发卖,天津应交支应局发卖。其由津运省书籍,应由长芦运司、天律营务处附搭饷械便船,以省运费。西学书籍候饬上海制造局,将译刻书目随时移送支应局转送省局,酌定买运。”海运优势使天津成为各省书籍批发集散地、运销中转站。照本发售仅能逞一时之快,因成本渐亏,而难以为继,只得对“新到各省书籍酌加一成”。

何不改革传统镂板模式,从源头降低成本?1882 年 11 月 2 日《申报》载《广书籍以惠士林论》:“津门创设书局……官为捐资,纸张、工本仍出自寒畯……广书籍之流传,莫妙于缩小一法,十本之书而缩为一本,则十本之价亦减如一本……目前,机器之利大兴,有铅字之聚珍板,又有照相石印之缩本法……今石印之法,工简而本轻,较之袖珍板式,更属便易。有此二法,直是无书不可印,而无本不可缩。”

西法印书大势所趋。1882年4月13日《申报》载:“天津机器局规模日扩,将用铅板印书……铅字铅条,物惟其备,不日当可开工。至去冬,津海新关印字房,日出西报一纸,寓津西人皆以先睹为快。”新兴印刷术后大行其道,终使津门寒素者坐拥群书梦想成真。

(载于2015年4月23日《今晚报》第21版“今晚副刊”)

杨家大门与问津行馆

张振东

在天津老城里东门内二道牌坊之间，即今文庙对面，是杨家大门和权家大门两条胡同。明朝末年，巨户杨勃在此建房形成巷，并在巷口安装两扇大门，其中一个称为杨家大门，并以此作为巷名。东巷则属于其子杨绍权，所以取名权家大门。

杨家大门鼎盛时期，要从清乾隆年间武举人杨秉钺说起。杨秉钺是山西永济人，因家贫来津投奔叔父，其叔父在盐商牛氏开的钱庄当伙计，杨秉钺于是也在钱庄学徒，因勤快谨慎，深受掌柜的器重。有一次，杨秉钺去海边讨欠银，对方答应归还，就在拿到欠银之时，他听到屋内有哭声。经再三询问，知道钱是欠钱者卖女儿凑上的，一会买家就要把女儿带走了。杨立即归还欠银，要回借据当场撕毁。回到钱庄，他称自己将银两遗失在途，于是辞职走人。后来掌柜知道内情，对杨秉钺大加赞誉，并出钱让杨经商。杨经商致富，在城东门里跨街二道牌坊路南，建起小巧的园林住宅，取名萧闲园，俗称杨家花园。

据《重修天津府志》载，萧闲园中轩亭花树繁盛，依次为大门、影壁，西院有观鱼池、紫筠径、宿云洞、倚云廊、入室峰、澄怀堂，东院有幽兰谷、寄旷亭、暖翠峰等景观。在西院倚云廊和东院回廊里，镶嵌有不少名帖石刻，可谓是闹中取静。

咸丰年间杨家衰落，宅邸归了问津书院，作为往来天津讲学者的下榻处，改名为问津行馆。

光绪六年（1880），天津管理电报通讯的官电总局（也叫天津南北洋电报局），最初就设在问津行馆旧址，这是中国最早设立电报通讯机关的地方。光绪三十年（1904），这里成立天津电话总局。电话总局迁走后，又成为大杂院。如今，这里变为新安购物广场。

（载于2016年4月25日《今晚报》第16版“副刊·津沽”）

长芦盐商查为义

章用秀

研究长芦盐文化，不能不提及天津的水西庄，而说到水西庄就不能不提及查为仁、查为义、查为礼三兄弟。关于查为仁、查为礼，文献典籍中多所标举，本文着重讲一讲老二查为义的为人行止，及他在天津文坛上的作用。

查为义，字履方，少倜傥，敏于学，是位“风期清远，学无不窥”的才藻横飞之士。他八岁能文，青年时“益博综经史，期为有用之学”。正在此时，西部边陲发生动乱，为义投笔转饷塞上，因功授安徽太平府通判。通判虽为散官，但他特别留心民事。邻近地区发生饥荒，他对逃难过来的灾民“具粟分赡，各以舟护出境，所活无算”。不久，两淮盐法出了问题，大吏乃奏设监掣，“择廉能吏司其事，举为义，擢淮南仪所通判”。他在任八年，核虚伪，绝贿赂，积弊以清。正值“将以治行优异荐”，却遭父丧而归家，遂辞官不做，长居津门。

为义工诗善画。诗情闲旷，且得画中之意，读其诗时见其“山人林下之致”。有

《集堂诗草》传世。善画兰竹花卉，其作品墨笔居多，间着色，“得赵孟坚、文征明意”，“人争宝之”。当时天津画家朱岷、胡峻、恽源浚、徐云、陈元复等均与他为至交，名亦相伯仲。嘉道间津门著名学人梅成栋提到，他曾见到为义所画墨竹一幅，“双竿烟雨，别具逸态”，认为其作品颇有元代大画家梅花道人(吴镇)作品中那种“苍苍莽莽，有林下风”的韵味，“亦具简淡萧疏之趣”(见《津门诗钞》卷7)。《中国美术家人名辞典》的词条中并载两位“查为义”。一条曰：“字履方，号集堂，宛平(今属北京市)人。为仁弟，官淮南仪所通判。兰竹、花卉具简淡萧疏之趣。”另一条曰：“河北天津人。兰竹秀劲。”前者资料取之于《清画家诗史》，后者资料取之于《历代画史汇传附录》。依鄙人之见，这两个“查为义”实为一人，之所以当成了两人，想必是编者对天津地方史知之不多而致。

为义回归津门还做了件非常有意义的事，即捐其旧居建问津书院。此事起于盐运使卢见曾。卢是清代学者，爱才好客，交往名士甚多。他认为天津乃“百川朝宗之地”，而书院则“阙焉未兴”(此前仅有三取书院)，很想在天津建一书院，但苦于无地。为义得知后，告之于卢：“家有废宅在运署之西南隅，其地高阜而面阳，形象以为利建学。”于是无偿将旧居捐出。乾隆十七年(1752)，书院正式落成，计造屋59间，其中部为讲堂，前为门，后为山长书室，环之以学舍。书院取名，含“今之制艺，其津筏也”之义(见《长芦志·问津书院碑记》)。学者吴联珠、金文淳、李慈铭等先后任山长。安徽籍文学家姚范(1702—1771)曾主讲于此八年，范当世尝作古体，题为《天津问津书院姜坞先生(即姚范)主讲于此八年，外舅重游其地，感欲为诗，乃约当世同用山谷〈武昌松风阁〉韵》，诗中有“龙堂蛟室来眼前”之句，喻问津书院的育人之功。

对水西庄园林的拓展,为义也是功不可没。他的兄长为仁在世时,便醉心于水西庄那融田园诗与山水画之美感为一体的园林别墅。在此,他训课子侄,研究书画,款接名流。就在为仁作古后的第九年,即乾隆二十三年(1758),他又在水西庄之东辟“介园”。介园乃取“一介”之意。乾隆皇帝弘历借巡视江南、路经津门之机,曾四度驻跸水西庄。乾隆三十六年(1771),弘历寓居介园,见紫芥花盛开,赏花赋诗,遂更其名为“芥园”。之后,水西庄之整体亦有芥园之称。查为礼《铜鼓书堂遗稿》诗序曰:“余家近圃,又去近圃之右得地数亩,名曰介园。”又云:“吾兄结庐爱偏僻,另辟介园椿相近。”正是说查为义在乾隆二十三年经营介园一事。

为义天性笃实、纯挚。父亡后,家居奉母。先是侍奉嫡母马氏,马氏故去后,又精心照料生母王氏。《重修天津府志》载,王氏患腿病,“缠绵七十日”,为义“昼夜侍疾,吮之以口”。纪昀《江南淮安仪所监掣通判集堂查公墓志铭》称:“及王太淑人丧,公年已六十有三,白首呼抢如孺子。自是,服食渐减,葬母五月而公逝。”《大清畿辅先哲传》里则说:“乾隆二十八年,母王病,割股以进,旋遭丧,以毁卒。”尽管说法不一,却都说明了为义之仁孝。

(载于2012年12月7日《今晚报》第21版“今晚副刊”)

姚范与问津书院

杨传庆

问津书院是清代津门最为著名的书院，它诞生于乾隆盛世。清雍乾时期，朝廷倡令各省于学宫之外创立书院，礼聘名儒掌教，问津书院应运而生。问津书院的成立，长芦盐运使卢见曾[①]居功至伟。卢雅好文教，于乾隆十六年(1751)到任后即着手创办书院，在盐商查为义献地支助下，书院“经始于乾隆十六年辛未八月，落成于十七年壬申二月”。“问津”之名，出自卢见曾，其《问津书院碑记》云：“孔子之道犹海也……学者因文见道，譬如汎海者……不能达者皆不得其津者也。”[②]其意在希望学子们勤修苦学，以书院为津渡，遨游学海，故钱陈群题书院讲堂为“学

① 卢见曾(1690—1768)，字澹园，又字抱孙，号雅雨。山东德州人。康熙六十年(1721)进士。历官洪雅知县、滦州知州、永平知府、长芦、两淮盐运使。藏书家、刻书家，有诗名，喜延揽文士，流连唱和，韩江雅集，海内称颂。著有《雅雨堂诗文集》等，刻有《雅雨堂丛书》。

②卢见曾：《问津书院碑记》，《雅雨堂文集》卷3，《续修四库全书》(第1423册)，上海古籍出版社2003年，第490—491页。

海堂”。

问津书院创建后，卢见曾“招集诸生，亲为课艺，优给膏火，培养人才，一时称盛”。[①]书院并未因卢见曾的迅速离津而有衰颓，其矗立津门整整一个半世纪，极大提振了津沽文风，不仅使登贤书、捷南宫者蔚然而起，而且对津门文化学术产生了甚为深远的影响。问津书院之所以能有如此生命力，主要在于其不乏名儒担任山长，而在早期驻院山长中，声名最著者当属姚范。由于史料的欠缺，人们往往只能从只字片言中获知姚范曾主讲问津书院，对于其寓津时间及其学术影响知之甚少，故本文掇拾散见材料，略加述论。

一

姚范（1702—1771），初名兴（启）涑，字巳铜，又字皃青，后字南（青）菁，号姜坞，又号铜庵、石农、槖沙，晚号几蓬老人。安徽桐城人。乾隆七年（1742）进士及第，选庶吉士；十年（1745）散馆授编修，充武英殿经史馆校刊官，兼三礼馆纂修官。后遭母丧，服阕后任原官，兼文献通考馆纂修官。乾隆十五年（1750）致仕。姚范博学淹雅、于经史考据尤擅，能诗文。其文章学术与顾炎武、阎若璩相提并论，一代通儒，为人所重。姚范著述甚丰，因其堂名“援鹑”[②]，故其曾孙姚莹编刻有《援鹑堂诗文集》《援鹑堂笔记》等。姚范是桐城派承前启后的津梁，钱锺书称其

①《同治续天津县志》，引自赵景深、张增元编：《方志著录元明清曲家传略》，中华书局 1987 年，第 268 页。

②“援鹑”出自扬雄《法言·寡见》：“春木之芚兮，援我手之鹑兮。”东晋李轨注云：“春木芚然而生，譬若孔氏启导人心，有似援手而进，言其纯美也。”姚范以此为堂名，可见其推崇孔子之教学。

为桐城诗派的发端，[①]其学术思想对其侄姚鼐及之后的方东树等桐城文士影响极深。

姚范为一时名儒，身在礼馆，为何会在乾隆十五年（1750）未满五秩之时突然致仕？包世臣《清翰林院编修崇祀乡贤姚君墓碑》（下文称《墓碑》）云："庚午京察一等，既引见，以病自免。"又云："居词馆数年，即膺察典，当外擢方面，遽引疾去。夫岂恝于世事哉？继读君跋《颜氏家训》曰：'交道缔结，常为祸福所倚伏，文人志士，于幕府权门，贵判迹于首途，避薰炙于始灼。'然则君之决退，其亦有所不得已于中者也？"[②]《墓碑》中的记载颇有闪烁其词之处，既云"以病自免"，又说其决心退出官场有不得已者，即不愿屈节依附权贵。据《墓碑》所记，姚范无论是因病自免，还是"不得已于中者"，都与京察一等有关。京察一等是清代中下级京官考核的最优等，须经皇帝面察，得一等者可优选外任地方官，而姚范致仕的原因正是京察一等的失败。更为严重的是，姚范致仕，乃皇帝弘历之饬令。《清实录·乾隆朝实录》载："谕曰：翰林院编修姚范，人平常，杨廷栋，人既衰庸，学问亦平常，俱着休致。"（卷362）本年五月十九日，弘历再次针对姚范：

至姚范、陈兆崙列入京察一等，则姚范人本平常，不堪超卓之选，前于引见考试人员时，令其休致。梁诗正谓其人"闭户读书"，词臣中闭户读书者不少，岂能尽列一等？[③]（卷365）

---

①钱锺书：《谈艺录》（补订本），中华书局1984年，第145页。

②包世臣：《清故翰林院编修崇祀乡贤姚君墓碑》，《包世臣全集》，黄山书社1993年，第354、355页。

③《清实录》第13册，《高宗实录》，中华书局1986年，第1027页。

姚范在引见面察时即被弘历否定，尽管有梁诗正[①]为其说项，但仍未能改变弘历对他的看法。遭到当朝皇帝否定，强令休致，姚范的仕宦之路即刻终止。这是其主讲问津书院的人生背景。

李兆洛《桐城姚氏姜坞惜抱两先生传》说："（乾隆）十五年，京察一等，以病免归，主讲席于问津书院者八年。"[②]吴德旋《姚薑坞先生墓表》（下文称《墓表》）说："尝应直隶总督方恪敏公之聘，主问津书院，前后八年。"[③]姚莹《援鹑堂集后叙》也说："未几归里，往来天津、维扬间，主讲书院。"[④]姚范自己则说："中间余至韩江，寓津门几八九年。既归，杜门却扫。"[⑤]则其主讲问津书院实际将近九年。可以说，担任问津书院山长是姚范致仕之后最重要的履历。据吴德旋《墓表》，直隶总督方观承[⑥]聘请姚范至津担任山长，方观承 1749 年至 1755 年间任直隶总督，据姚鼐《方恪敏公诗后集序》云："鼐家与方氏世有姻亲。公与家伯父薑坞先生相知尤密，于鼐为丈人行。"[⑦]姚范也作有《宜田宫保以棉花诗见示成七言一章》等

①梁诗正(1697—1763)，字养仲，号芗林，又号文濂子，浙江钱塘(今杭州)人。清雍正八年(1730)探花。乾隆朝历任侍读学士、内阁学士、经筵讲官、户部尚书、兵部尚书、刑部尚书、翰林院掌院学士、吏部尚书、协办大学士、东阁大学士，加太子太傅。卒谥文庄。著有《矢音集》。

②李兆洛：《养一斋文集》卷 15，《续修四库全书》第 1495 册，第 238 页。

③吴德旋：《初月楼文钞》卷 8，光绪十年(1884)刻本。

④姚莹：《东溟文集》卷 2，《清代诗文集汇编》第 549 册，上海古籍出版社 2011 年，第 327 页。

⑤姚范：《徐鉴亭七十寿序》，《援鹑堂文集》卷 4，《清代诗文集汇编》第 298 册，第 98 页。

⑥方观承(1698—1768)，字遐谷，号问亭，一号宜田。安徽桐城人。方孝标曾孙。官至直隶总督，加封太子太保。谥恪敏。治水与植棉专家。著有《问亭集》等。

⑦姚鼐：《惜抱轩诗文集后集》卷 1，上海古籍出版社 1992 年版，第 265 页。

诗，可知方观承与姚范为同乡好友，其聘请姚范为问津书院山长，当也有为姚谋一生计之虑。

二

关于姚范至天津担任山长的时间，史料中并无明确记载。包世臣《墓碑》云："解组后，教授南北阅二十有一年。"姚范乾隆三十六年（1771）辞世，由《墓碑》所言，他甫一致仕即至津门。但是据姚鼐《左笔泉先生时文序》称："鼐后成进士，从世父自天津归。"[①]姚鼐在乾隆二十八年（1763）成进士，本年姚范携姚鼐从天津归乡，则可知1763年春姚范仍在天津。又姚鼐《游媚泉笔记》（1764年作）云："以岁三月上旬，步徇溪西入……是日，薑坞先生与往，鼐从，使鼐为记。"则姚范归乡后似未再返回问津书院。所以若其离官后即至津门，则其居津已超过十二载，与寓津"八九年"之记并不符合。因此，姚范并非致仕后即至天津。据其与姚鼐乾隆二十八年（1763）归乡逆推，则其主讲问津书院当在乾隆十九年（1754）。我们还可以据其诗歌作品对其寓津时间及在津时期的情感心态作更多了解。

姚范《赠卢雅雨运使》诗其三云：

汉家贤将佐休明，形胜东临右北平。塞草春生朱鹭曲，霜榆秋下白檀城。

共知酹酒辞金马，但看开黉奏管笙。回首张帆铃阁迥，松枝尝忆说经横。

①姚鼐：《惜抱轩诗文集》卷4，第58页。

守永平日，尝属宋蒙泉编修延予主书院，予时方谋南归，未就。

此诗赞颂卢见曾任永平知府时的成绩，"但看开黉奏管笙"，即指卢见曾在永平建敬胜书院之功。据此诗小注，卢见曾倩宋弼[①]邀请致仕后的姚范主讲敬胜书院，因姚欲南归而作罢。可知，饬令致仕后，姚范回归乡里隐遁，直到四年之后，方才出掌教职。姚范另有《初至津门，高姜田太守枉顾，翌日以诗扇见赠，依韵奉酬》一诗："江湖久矣忘鸿干，遁迹宣游笑两端。不谓乘潮拾海月，翻成戴笠话鸡坛。"遁迹江湖，未料再次出山，不难看出，姚范至问津书院当是经过深思熟虑的。由诗题"初至津门"知此诗是姚范到津不久后作，明确其创作时间，则姚范主讲问津书院的起始时间就更明确了。诗题中提到的"高姜田"，即高恒[②]，时任长芦盐政、天津总兵。据卢见曾《问津书院碑记》所记："适吉公庆来视盐政，为延名师、立教条。"[③]乾隆十七年(1752)二月问津书院落成之时，长芦盐政为吉庆。乾隆十八年(1753)三月十八日，吉庆以长芦盐政、天津总兵身份上《奏谢留任一年折》[④]，则其至乾隆十九年(1754)四月前当仍在任。姚范初至津门，高恒已然担任盐政之职，则其主讲问津书院必在1754年四月之后。姚范又有《杏花次金质夫太守韵》一

①宋弼(1703—1768)，字仲良，号蒙泉，山东德州人。乾隆十年(1745)进士，改庶吉士，授编修，官至甘肃按察使。能诗，与卢见曾相友善，助其纂选《国朝山左诗钞》《山左明诗钞》等，著有《蒙泉诗集》《思永堂文稿》等。

②高恒(?—1768)，字立斋。本汉军包衣，后抬旗入满洲镶黄旗。高斌子。乾隆初，以荫生授户部主事，再迁郎中。出监山海关、淮安、张家口榷税，后署长芦盐政、天津总兵。乾隆二十二年(1757)，授两淮盐政。乾隆三十三年(1768)，因两淮盐案，革职处死。能诗。

③卢见曾：《雅雨堂文集》卷3。

④"国立故宫博物院"编辑委员会编《宫中档乾隆朝奏折》(第4辑)，1982年8月。清初曾规定，长芦盐政任期一年。

诗，金质夫即金文淳[1]，乾隆二十八年（1763）到任天津知府，则姚诗当为本年春杏花绽放时作，此时姚范尚在津门。如此，则可定姚范主讲问津书院的时间为乾隆十九年（1754）四月后至乾隆二十八年（1763）春之间，这一时间也恰合姚范“寓津门几八九年”之说。

据《重修天津府志》载：董承勋[2]乾隆十六年（1751）始任天津道，问津书院建成后，他曾聘请名进士吴联珠主讲问津书院，则吴联珠[3]当为问津书院第一任山长。吴乾隆十九年（1754）去世，这应是姚范本年北上津门担任主讲之因。寓津期间，教学、著述、友朋间的诗酒唱酬构成了姚范生活的全部。他的唱酬诗作有《查俭堂太守苍梧见怀之作》《九月十洲过津门，出颂嘉草堂图属题，依韵即送其南归，次章末句兼怀欧舫湘灵诸君》《秋日鄂怡云以仓部儹储至津门相见话旧兼出新诗赋赠》《津门送王西园前辈之上江臬使任》《双芝图歌为津门查集堂赋》《为雪园给谏题吾庐读书图，时以巡漕驻节天津》《杏花次金质夫太守韵》等等。这些诗作中，唱酬之乐难掩人生失意之叹与客居乡关之思，如“飘萧自分此生浮，白首羞逢海上鸥”（《查俭堂太守苍梧见怀之作》）；“白首门生潜海曲，青云冠盖忆平生”

---

①金文淳（？—1772？），字质甫（夫），号金门，浙江钱塘（今杭州）人。乾隆二十八年（1763年）任天津府知府。乾隆三十二年（1767年）六月，因辖内南皮知县犯案受牵连，被乾隆严惩，革职遣戍关外。《重修天津府志》有云：“罢官后，主讲问津书院，课生童如子弟。凡所识拔者，无不腾达云。”但据袁枚《随园诗话》卷六云：“质夫为太守，两遭罪遣，谪戍以死。”（江苏古籍出版社，2000年，第129页）汪师韩作于乾隆三十七年（1772）《挽金门太守》诗注中也说：“君定于十月南归，竟不及。”此是死于谪所之证，则金文淳谪守关外，似至死未归津门。

②董承勋（？—1757？），字对扬，号芑堂、白岩，浙江南浔人。曾任兖州知府。乾隆十六年（1751）任天津道，升长芦盐运使。能诗善画，著有《芑堂诗集》。

③吴联珠（1701—1754），字珍兹，号铁夫。浙江归安人。乾隆元年（1736）进士，仕至刑部陕西司郎中。工诗。著有《卧沧吟》。

(《秋日鄂怡云以仓部儹储至津门相见话旧兼出新诗赋赠》);“自分天涯同老马，何时浩荡随虚舟”(《九月十洲过津门，出颂嘉草堂图属题，依韵即送其南归，次章末句兼怀欧舫湘灵诸君》);“坐忆青山白水满，绿荫鹈鴂插秧抽”(《沽上待渡》)。诗中悲叹仕途断折，老大飘零，其情真实可感。其《双芝图歌为津门查集堂赋》云:“我来羁栖渤海岸，两丸转毂三年淹。”羁栖淹留于北地异乡，何以解忧?唯有水西美景。徜徉于水西庄风亭水榭，花卉桃李之间，感受着水西主人的风雅高怀，姚范云:“过此流连每日夕，如鸟脱笼驹驰衔。最爱举杯斜阳外，高柳忽堕长空帆。”(《双芝图歌为津门查集堂赋》)在水西庄，他获得了自由与欢乐，忘却了尘世俗扰。

三

姚范在问津书院担任山长时的教学理念与具体教学情形，今已难知其详，他自己未有相关记载，其后人姚鼐、姚莹等于此也罕有多言。今日可见涉及姚范主讲问津书院最重要的史料，为范当世《天津问津书院，姜坞先生主讲于此者八年，外舅重游其地，感欲为诗，乃约当世同用山谷武昌松风阁韵》一诗，全诗如下:

有文支拄山与川，恍人有脊屋有椽。我立此语非徒然，眼下现有三千年。远矣周孔隔地天，手语目听交鸣弦。五德替代如奔泉，扫去碌碌留圣贤。此事担当在几筵，耿耿一发天宇悬。丈人家世留青毡，文字碧水流潺湲，从来不与时媚妍。薑坞先生此粥饘，百年乔木参风烟。公来再饮唐山泉，龙堂蛟室来眼前。吾今只可烂漫眠，梦里不须书绕缠，醒亦毋为世交挛，眼见地塌天回旋。

清光绪十七年（1891），范当世陪其岳丈姚濬昌[①]（姚范曾孙）游览天津问津书院，二人缅怀姚范功德，感而赋诗。

此诗开篇即言文章之用如山川、脊梁、屋椽，这也是桐城派对文章功能之期许，姚范就认为“文章关乎世运，学术系乎风俗人心”[②]，他强调诗文对于社会道德建设的重大作用。“远矣周孔隔地天，手语目听交鸣弦”二句即点明姚范在教学中对周孔之道的传承，手语、鸣弦，以孔子教学弦歌不辍借指姚范之讲学；“目听”用《列子·仲尼》典故，“老聃之弟子有亢仓子者，得聃之道，能以耳视而目听”。范伯子用这个典故指书院学子深得姚范所传之道。姚莹曾指出：

先曾祖为文，根柢经史，旨渊思深，必得古人精意，不为放谲踳驳之论取快一时。先曾祖之于文，可谓能载道矣。至其天资沈笃，强记博闻，自束发以终其身无间，故能淹通宏洽，不为拘墟孤陋之见，空疏无据之谭。其大者在笃信程朱，以为非考证不足以多闻，而舍身心亦无以为学。[③]

姚范所处的乾隆时代，学人或宗汉学，或主宋学，各执一端，前者重考据，后

①姚濬昌（1833—1900），字孟成，号慕庭，晚号幸余，安徽桐城人。姚莹之子。清末桐城派代表人物。子永朴、永概有文名。次女姚倚云适范当世。著述颇丰，有《幸余求定稿》《五瑞斋诗钞》《五瑞斋诗续钞》等。

②见《桐城麻溪姚氏宗谱·姚氏先德传》，1921年印本。

③姚莹《东溟文集》卷3《与张阮林论家学书》，《清代诗文集汇编》第549册，第339页。

者重义理。姚范长于考据，但仍非常重视程朱之学，其“病近代诸公或竞谈考据，以攻诋宋儒为能也，谓此人心之敝，充其说将使天下不复知有身心伦纪之事，常慨然欲有所论著以明其义”①。姚范认为宋儒之学强调的道德伦纪不可忽视，所以其为学以“文以载道”为宗旨，重视程朱义理之学，而又不废考据。刘声木也曾指出过姚范重视圣贤传统，又不拘泥程朱的特点。他说：“主讲天津、扬州等书院。刻苦读书，博览强识，以勤于古圣贤之经传，诸子百史，志在贯穿。不主家法，唯以旁稽互证，求一心之是。”②可以想见，姚范教导书院学子必然是传扬周孔圣贤之道，同时将汉学之考据与宋学之义理折中调和。他的这一教学理念贯穿在问津书院一个多世纪教书育人的历史之中。同治乙丑年(1865)，津门诗人华鼎元作《问津书院》一诗：

儒家衣钵孰传薪？学海堂前教诲频。不薄程朱尊马郑，先生只合作调人。③

传承儒家衣钵，调和宋学(二程、朱熹)、汉学(马融、郑玄)，书院的这种育人思想正由姚范奠定。直至民国时期，严修、华世奎、章钰、王守恂等在津创立崇化学会，分义理、考据、词章三科，仍可见桐城派的教学主张对津门教育之深远影响。

范当世在诗中赞美了姚范甘守清贫，培养了栋梁之才的不凡业绩；高度褒扬

①姚莹：《〈援鹑堂笔记〉闽刻原后序》，《援鹑堂笔记》，清道光十六年(1836)刻本。

②刘声木：《桐城文学渊源考》卷三，黄山书社，1989年，第138页。

③华鼎元：《津门征迹诗》，潘超、丘良任等：《中华竹枝词全编》第一册《天津卷》，北京出版社，2007年，第369页。

了他承传圣贤教化之业的担当，以及开启桐城姚氏文章百年风流的功德；尤其是强调了姚氏"从来不与时媚妍"的高贵品格。姚范之为人，律己严恭，砥砺品节，从不媚俗逢迎。姚莹说他"生平懿行笃学，实能无愧古人"[①]，吴德旋也说他"遇所不可，介如也"[②]。文以载道的理想，加之为人耿介，使得姚范在学术文艺上注重道德性情。他主张作诗言志，摛风裁兴，藻辞谲喻。例如他与刘大櫆编选明代诸家诗，选录并不知名的诗人薛蕙（字考功）诗作数十首，其原因正是萧穆所道"考功之学行风节，不第为诗人已也"[③]。而对于为文为诗不端正持重者，姚范是拒绝与之为伍的，这明显地体现在他对袁枚"性灵说"的排斥上。袁枚曾记其与姚范故事：

先生（姚鼐）从父南青讳范，在长安与余有车笠之好，学问淹博，而不喜吟诗。余改官江南，送行诗麻集，而南青无有也。余调之云："南青爱人如老妪，初入翰林殊栩栩。平时著述千万言，临别赠我无一语。"[④]

对于袁枚之言，桐城后劲刘声木曾有析论：

①姚莹：《〈援鹑堂笔记〉闽刻原后序》，《援鹑堂笔记》，清道光十六年(1836)刻本。

②吴德旋：《姚薑坞先生墓表》。姚范仕途不遂与其耿介严直的品性也有关联，在乾隆盛世不作讴歌迎合致其陷入孤立。例如他的《读史》诗咏建安云"隋珠既在握，荆璞亦冥搜"，极称曹氏得人之盛，但篇末却说："谓当致高蹈，何意摧华辀。体弱既足病，肥憨亦为羞。空文侔日月，桢干委山丘。遂使三公位，徒嗤孙仲谋。"（《援鹑堂诗集》卷1）正直有骨气的人才在盛世反被遗弃，这无疑是其自身写照。姚鼐《姚氏长岭阡表》（《惜抱轩文后集》卷6）也说："（姚范）仕为翰林数岁，不究其用而归。"

③萧穆：《跋薛考功奏议》，《敬孚类稿》，黄山书社，1992年，第113页。

④袁枚：《随园诗话·补遗》卷1，江苏古籍出版社，2000年，第428页。

袁简斋明府枚怀桐城姚薑坞太史范诗云:“平日著书千万言，临别赠我无一语。”似太史专工于校勘之学,拙于文辞,如唐李善之类,又殊不尽然。太史古文,传归方之绪,屹然为桐城一大宗,诗亦清娇绝俗,撰有《援鹑堂诗集》七卷,《文集》六卷,卓然可传于世,不知当日何以无赠行诗文。岂恶明府放荡太甚,不拘礼法,早于无形之中,已严绝之,然严绝之诚是也。①

袁枚倡言“性灵”,为诗坛名流,从“送行诗麻集”可见众人趋附之态,姚范能诗独不赠诗,更见其不媚时流的品性。而其临别无诗赠袁,更反映了二人在学术旨趣上的抵牾。袁枚主张性灵舒洒,任情率真,时有突破儒家礼法诗教之处,流于“放荡太甚”,轻佻浮薄。这与姚范推重道德性情、温柔敦厚的诗学观念大不相同。可以想见的是,“粥饘”于问津书院的姚范在培养“百年乔木”时必会将儒学诗教化于学子心中,桐城派崇尚雅正的诗文主张在清代天津文坛也一直绵延不辍。

姚范主讲问津书院将近九载,因其彻底绝于仕宦,故又能专力为之。他将传承圣贤之道的理想,折衷义理与考据的学术思想,以及追求道德性情的主张融入进初立的问津书院教学之中,奠立了书院未来的育人方向,也对天津文教产生了深刻影响。姚范执掌问津书院,还是考察桐城派与天津文化关联的一个生动例证,其价值与意义值得重视。

①刘声木:《苌楚斋随笔》卷6,中华书局,1998年,第126页。

学海乘槎可问津

——张佩纶、严修与问津书院

陈　鑫

张佩纶(1848—1903)是晚清政坛上的风云人物、“清流”名士,严修(1860—1929)是科举改革的推动者、近代教育体系创立的参与者、“南开校父”。他们在各自的活动领域中为世人所知,但较少有人了解他们之间的师生缘。张佩纶作为老师,在严修学习成长的关键阶段,对其进行了谆谆告诫,这对严修后来思想的发展有着深刻的影响,促进了严修重新思考读书人的“本业”,重新认识了学习、考试、致用之间的关系。他们的师生缘是从天津问津书院展开的。而这段往事背后又与李鸿章有着密切关系。可以说,这三位历史名人的活动在问津书院产生了“交集”。这个“交集”,无论是在对李鸿章的研究中,还是对张佩纶的研究中,或是对严修的研究中,似乎都还没有专门梳理过。本文通过考察相关史料,力图钩沉出这段隐而不彰的学林佳话。

清流任教

张佩纶在晚清可谓名震一时。他天资聪颖，24岁即中进士，后在翰林院任职，凭借过人的才华，很快在官场中脱颖而出。当时，京中有一批青年词臣忧国心切、志高气盛，接连弹劾高官。他们慷慨陈词、声势浩大、令人侧目，被时人目为“清流”，张佩纶就是其中的代表人物。洋务外交领域的官员是清流们批评攻击的重要对象，而时任直隶总督兼北洋大臣的李鸿章便是清议的一个焦点。为了纾解压力，在舆论场上转被动为主动，李鸿章一直想要拉拢、结交张佩纶。光绪五年(1879)四月，张佩纶的母亲病故，按照制度，需离职守丧，不能在朝为官。此时，李鸿章以重金相赠，并竭力邀请，希望张佩纶能在丁忧闲居期间来其幕府，作为宾客幕友参赞北洋军政事务。张佩纶虽然感谢李鸿章的盛情，但不愿明确幕僚身份，而是处于若即若离状态。

恰在此时，天津问津书院山长李嘉端去世(光绪六年十二月)。李鸿章立即致信张佩纶，恳请其接任此位。问津书院为长芦盐运使与本地盐商共同捐办，兴建于乾隆年间，到此时已有130年的历史。这所书院在天津的科举史、教育史上具有格外重要的地位。问津书院教席的空缺，为李鸿章笼络张佩纶提供了一个很好的理由。

在致张佩纶的信中，李鸿章写道：“问津讲席欲得经师人师，为后学矜式，畿境老宿无几，而学行为众所推服尤难其人。此系盐务捐办，与冠九都转酌商，佥谓直中名德硕望无如我公，又适值读礼闲居之际，拟敦请明春辱临，嘉惠多士，鸿章亦得常亲教益。”[①]信中提到的冠九都转即时任长芦盐运使的如山（字冠九），李鸿章借其口对张佩纶极力称颂。他又说，张佩纶来任教，不仅可以让天津士子受惠，自己也可以常常向其求教问计。这话倒并非谦辞客气，而是其内心的真实表达。

此前张佩纶出于名士矜持和政治考量，没有明确答复李鸿章的入幕之邀。但此时李鸿章请其为问津书院山长，担任学子之师而非私人幕僚，这样既可拉近两人关系、便于随时议事商讨，同时又让他保持了独立的地位，避免攀附权贵之嫌。张佩纶于情于理再无推脱的理由，终于来到天津。应该说，此时的问津书院为李鸿章提供了一个笼络名士、争取舆论的有利平台。后来李鸿章请李慈铭任问津书院山长也有此意。

读李鸿章、张佩纶这段时期的通信，可知俩人当时沟通之频繁。李鸿章在一封致张佩纶的便笺中写道：“每日九点钟、四点钟以后均有暇，望过我一谈为幸。”[②]渴盼之情溢于言表。

严修应课

问津书院的一项主要活动是考课，其形式是定期由老师出题，学生作文，老师通过评卷，有针对性地对学子治学提出指导意见。张佩纶担任主讲后，首先便

①《李鸿章全集·信函四》，安徽教育出版社，2008年，第646页。
②《李鸿章全集·信函五》，安徽教育出版社，2008年，第23页。

举行了一次考课。成绩评出后，李鸿章接见了前十名学子，一一问了他们的姓名，并进行了简短的交流。这十人之中便有严修。

这次考试是张佩纶在问津书院教学的开始，是严修到问津书院学习的开始，也是他们两人师生之缘的开始。多年之后，严修对这段往事依然念念不忘，不但写了一篇回忆文字，并且还将这一经历写进了自己的年谱。[①]严修的自定年谱非常简短，而此事被专门提及，可见在其心中的重要位置。

在问津书院，严修以制艺（八股文）出色而闻名。历次考课中，他常常名列前茅，与同学黄耀奎（字星樵）并称，被戏称为“黄忠”“严颜”（三国时代蜀汉的大将）。[②]

问津书院的考课除八股文、试帖诗之外，还有经古课。所谓经古，主要包括经解、史论、古体诗赋等。经古之学是对八股试帖的纠偏。当时，士子读书大多只为参加考试，一门心思备考，对真正的学问反而束之高阁，甚至连儒家“五经”的原文都不研读。经古之学是干嘉学风的余绪，本来是少数学者的学问，但逐渐得到越来越多士大夫的重视。从同治年间开始，朝廷已经要求学政的院试增设经古场，作为选考内容。但经师难得，学生的水平也参差不齐，一般书院要想开设经古课是比较困难的。问津书院的经古课从光绪四年(1878)开始，每月进行一次。考课地点设在书院的学海堂。[③]为了区别阮元创办的学术重镇广州学海堂，问津书

①见《范孙自定年谱》，天津图书馆编：《严修手稿》第 23 册，天津古籍出版社，2012 年，第 18409 页。

②见陈诵洛：《蟫香馆别记》，《陈诵洛集》，广陵书社，2011 年，第 303 页。

③参见杨光仪：《学海堂碑记》，天津市地方志编修委员会编：《天津通志·旧志点校卷中》，天津社会科学院出版社，2001 年，第 1031 页。

院的学海堂又称“北学海堂”。

张佩纶来问津书院后延续了经古课，他的要求十分严格。在一次考课后，他对严修的课卷表达了不满，并且批了一段比较严厉的话：“五艺再求典实，可借书更作之。幸勿以征逐之故，荒其本业也。”原来，张佩纶在判课卷时，发现严修的文章华而不实，反映出他读书不广，对典籍并不熟悉，因此命他借书认真研读，重新再做一篇。张佩纶特别告诫严修，不要因为“征逐”科举功名，荒废了学人的本业。这一批语对严修刺激很大，他立即照着老师的指示埋头读书。严修经常和人提起这事，说自己“幸获寸进，微名师督责之力不及此”，学问上的长进都得益于张老师的指教。[①]特别是张佩纶“幸勿以征逐之故荒其本业也”的告诫，让严修一直铭记在心。后来，严修成为科举改革、教育改革的推动者，他常常告诫学生和自家子弟，不要“汲汲于科举之学”，这与张佩纶的教诲是有关系的。

张佩纶的批语中提到“借书”，这里略作说明。就在张佩纶与严修来到问津书院的这一年，也即光绪七年(1881)，为了扩大学子们的阅读面，李鸿章命北洋海防支应局运售各省官刻书籍，发卖地点便在问津书院中。起初计划原价发卖，这样可以让“寒素者亦得坐拥群书，抗心希古”。但是后来发现，这个办法行不通，于是改为酌加运费，由县学购买，供学子借阅。[②]这也是问津书院在天津近代教育史上的一个重要事件。

---

①见陈诵洛：《蝉香馆别记》，《陈诵洛集》，广陵书社，2011 年，第 304—305 页。

②参见杨光仪：《学海堂碑记》，天津市地方志编修委员会编：《天津通志·旧志点校卷中》，天津社会科学院出版社，2001 年，第 1031 页；汪家熔：《商务印书馆史及其他——汪家熔出版史研究文集》，中国书籍出版社，1998 年，第 469 页。

分赴前程

算起来，张佩纶与严修在问津书院的时间都不长。

张佩纶于光绪七年(1881)三月开讲，不久因慈安太后驾崩，与李鸿章一同进京叩谒梓宫。四月间，同住书院的兄长张佩经(字守一)病重，五月张佩纶陪兄返乡，六月兄长病故。八月，张佩纶才回到天津。回津后，李鸿章表示，为免在书院触目伤心，勾起思念亡兄之情，邀请他住到总督官署，两人“作十日畅谈”。此时张佩纶为母守丧期满，很快便回京复职了。

不过尽管时间不长，张佩纶任问津书院山长期间，还是恪尽职守的。处理兄长后事期间，张佩纶依然不忘从家乡寄来经古课题。李鸿章深受感动，回信道：“家事纷扰之际，心思尚如此微密，感佩曷任。”八月，已经离开天津的张佩纶邀请名士黄国瑾(字再同)一同评阅课卷，并将批卷和名次交李鸿章审定。李鸿章认为“衡校精详，品评公允”，他只将生卷第一名与第二名进行了调换，其余全未更动。

归京复职之后，按照约定，张佩纶仍兼任问津书院山长，并继续评阅课卷。十月，他再次将写好批语、排出名次的课卷寄给李鸿章。李鸿章表示“评骘精当”，“费心衡校如严父师，殊令诸生感仰、主人跛踖耳。”此后，张佩纶又任教一年，至光绪八年(1882)九十月间辞任。但李鸿章以“人才衰歇，师道亦复尔尔”为由挽留。至十一月，见张佩纶去意已决，李鸿章才终于表示“问津一席，诚不宜虚拘大贤”。①

张佩纶的辞任，是由于官场活动越来越繁忙。此刻的他进入了人生亢奋期。

---

①以上见《李鸿章全集·信函五》，安徽教育出版社，2008 年，第 36—37、38、40—41、48—49、52—53、55、61、63、73、75、77、89、174—175、184、189 页。

就在此时，中法战争爆发，“清流”们指点江山的热情格外高涨，极力主张对敌强硬。张佩纶弹劾大吏、保举疆臣，一道道奏折无往不利，风头极劲，世人称其“太阿出匣，光芒逼人，不可向迩”。[①]光绪十年(1884)四月，从未带过兵的张佩纶奉旨会办福建海疆事宜，准备应对法国海军的入侵。赴任路过天津时，张佩纶再次见到了严修。

此时的严修已不再是问津求学的青衿士子。光绪八年(1882)，他参加顺天府乡试秋闱中举，转年又参加会试、殿试(张佩纶为殿试读卷大臣之一)，以二甲第十一名得中进士，并考取翰林院庶吉士。如果两年后的散馆考试成绩合格，即可留在翰林院担任编修，成为今后重要官员的后备人选。乡会试连捷，使得严修的人生实现了一次飞跃。与张佩纶一样，他也是二十四岁中进士，年轻的严修在后面的人生之路、仕宦之路、治学之路上要怎样走？未来有着无限可能。从严修的日记和诗作，我们可以知道，此时的他并没有满足于成绩、功名，而是希望继续探寻真正的学问。他在温习经书的同时，开始着力于对史学甚至数学等经世之学的研究。

光绪十年(1884)五月，正在家乡的庶吉士严修听说了老师张佩纶将南下路过天津的消息。

临别教诲

张佩纶到天津后，访客不断，迎来送往好不热闹。五月二十三日和二十四日，

①《李鸿章全集·信函五》，安徽教育出版社，2008年，第199页。

严修两次拜谒，都没能见到老师。直到五月二十五日，严修第三次前往，师生才终于见面，两人“谈甚久”。①

严修在日记中，对这次谈话有一段四百多字的记录。用这样篇幅记录谈话内容，在其时间跨越五十多年的日记中仅此一见。严修此时所用的日记册印有栏格，每日有“晨起”“午前”“午后”“灯下”“记事”“杂识”“日知”等栏目。每天日记使用反正面一叶，其中“晨起”至“杂识”为正面，“日知”独占背面。“日知”主要记录本日学习心得，张佩纶的叮嘱内容便记在此栏之中。由于内容较多，五月二十五日“日知”写满，又用二十六日“日知”栏中继续记录。可见严修对此次谈话的重视。

张佩纶与严修的这次谈话是围绕治学展开的。因此，这也是一份难得的关于张佩纶学术思想的记录，我们不妨逐段转录于此，稍加分析。

> 幼师云：往与香涛言，学人之精力两事困之。一经学也，钩稽繁引，累世莫殚，虽通经实不足以致用。一词章也。

按：幼师即张佩纶（字幼樵），香涛即张之洞之字。二张在当时被称为青牛（“清流”的谐音）之双角，两人为直隶同乡，关系亲密，政见相近。从张佩纶这段话可知两人对学问的看法也很相似。二张私下的意见，都认为经学与词章不值得学子们为之殚精竭虑，原因是“实不足以致用”。“通经致用”是明末清初以来大儒们的理想，希望通过经学研究，从古圣先贤那里寻求解决现实问题的办法。对此，二

---

①以下引用张佩纶谈话内容见严修原著，陈鑫整理：《严修日记》，天津古籍出版社，2015年，第143—144页。

张不以为然。这一观点在当时是非常大胆的，和他们的公开表述也不尽相同。

又云：生今之世欲治经学惟《皇清经解》可资，宋元明书万不必看。干嘉诸老殚精罩思无义不讨，今欲超乎诸家之外别立一帜，断断不能，在乎博览而已。

按：清朝是中国古代经学的集大成时期，清人治经学分汉、宋两种路数，笼统地说，汉学重考据，宋学重义理。考据学在清代获得极大发展，学者们对儒家传世经典中的真伪、内容都进行了详细的辨析。《皇清集解》便是清代经学研究著作的汇编。在考据家看来，宋元明时期的学者空谈义理，缺少实证，对经义很多是曲解。张佩纶显然也持这样的看法，因此他认为“宋元明书万不必看”。同时，他认为对考据学也无须多费精力，只要“博览”就可以了。

又云：经学以小学为入手，经学可以从略，小学则不可不讲。孙刻《说文》最善，间有可议，亦假手之咎。“段注”虽杂，而解甚透辟，此二书为最善之本。若夫宜古宜今、有体有用，莫如读史。史以“前四史”为要。蔚宗《后汉书》四六骈语自然流出，乃文体之变，亦不可不知者也。《通鉴》宜读，不能读则读《辑览》。《明史》宜读，但知其方舆、政制，人名无须全记，为其与时事相近也。若能读过《通鉴》、“四史”、《明史》，则亦斐然一博雅之人矣。

按：这一段是讲要重视小学（文字学）和史学。孙刻《说文》即清代学者孙星衍刊刻《平津馆丛书》中的《说文解字》，是经过精心校勘的善本。“段注”即清代学者段玉裁的《说文解字注》,是古代文字学研究的杰出著作。孙、段也是干嘉学派的代表人物。之所以要重视文字学,是因为弄懂字义是正确解经的基础。关于史学,张佩纶认为,“宜古宜今、有体有用,莫如读史”。这是清中期以来一个很重要的思潮。其着眼点还是在“用”。正是因为“通经不足以致用”,所以“莫如读史”。读史不仅是要成为“博雅之人”,更重要的还在于“知其方舆、政制”,有助于理解时事,经世致用。

幼师又云:曾文正尝戏言“吾辈当为‘五通’之学”。“五通”谓《通典》《通志》《通考》(《续》及《皇朝三通》系之)、《通鉴》(凡《通鉴》之属系之)、《五礼通考》也。“三通”不能全,看《通考》最好,但时常检阅可也。

按:“五通”之学是史学的重要内容,关键是要明白了解历代制度的沿革,制度变迁与治乱兴衰息息相关。中国古代学术分为经、史、子、集四部。其实从张佩纶个人后来的经历中,我们会发现,他并没有止步于史学,而是进一步关注了“子学”,特别是专门撰著了《管子注》《庄子古义》等。这固然与个人治学兴趣有关,也与当时学术发展的大趋势有关。由经而史,由史而子,是学术格局的扩展,更是针对现实的贫弱,为谋求富强而寻找思想资源。

又云:宋五子书,惟《近思录》宜读,余不读亦可。

按:最后一段话又回到对“宋学”的批判。“宋五子”即北宋大儒周敦颐、程颢、程颐、邵雍、张载。这段话似乎是对严修提问的回答。因为严修的父亲非常重视宋五子之学，“晨起必朗诵经书或宋五子书两小时，声彻庭外”[①]。家学对严修影响很深，听到老师对宋学的全盘否定，可能对他刺激很大，因此在谈话最后仍要一问究竟。对此，张佩纶表示，如果一定要了解北宋学术，那么只要读一读经过朱熹、吕祖谦汇编整理的《近思录》就可以了，其余就真的不必读了。

张佩纶的教诲引发了严修的思考。尤其是其对经学、词章等科举之学的否定，以及对“致用”之学的推崇，对严修的影响至为深远。通过严修的日记，我们可以看到，在后面的几年中，严修用大量时间认真研读了《说文段注》《通鉴辑览》、“前四史”、《明史》《文献通考》等书，这显然是遵照老师这次教诲而为。

不过，对老师的意见，严修并不是照单全收，尤其是老师“万不必读”宋儒之学的告诫，严修没有采纳。他仍坚持自己的看法，将宋儒义理之学看作自己的立身根本。择善而从、独立思考，是严修对老师教导的一贯态度，这在他与其他老师的交往中也可以看到。（比如他对另一位老师徐桐的态度，容待另文专述。）

塞上通信

在天津稍作停留后，张佩纶便奔赴福建，指挥前线防务。不久法国海军杀到。马尾海战中，清军一触即溃。敌军的炮火让张佩纶明白了，战场上的事与阔论高谈不可等量齐观。失败也让他理解了什么叫做世事沧桑、人情冷暖。以前，他以强

①严修：《严氏两世事略》，1915 年石印本。

硬派的姿态，运笔如刀，弹劾批评那些在战场上、在外交中退缩怯懦的官员。此时，情势逆转，自己竟成了“罪魁祸首”，几乎到了群情激奋、皆曰可杀的境地。朝野之间流传着关于他落荒而逃的种种丑态。有传说他一听到炮声便率先潜逃，弃师遁走，奔至民宅，乡人不纳，又躲到寺庙之中。传闻的种种情形绘声绘色，如同亲眼所见。多亏经左宗棠查办，认为张佩纶只是调度乖方，并无潜逃之事。最终清廷将张佩纶革职遣戍，发往张家口军台效力。

就在众多故人避之唯恐不及的时候，塞上服役、“枯坐甚闷”的张佩纶收到了弟子严修的来信。

光绪十一年(1885)十一月初七日，张佩纶在日记中记道：“严范孙吉士书来，论刻北学海堂课艺，并告子涵欲集赀为余纳罚锾求归。”[①]

严修这封信中提到两件事，其中之一是表示愿意集资为张佩纶赎罪，帮助他早日结束戍边境遇。纳罚锾是当时制度允许的一种减刑途径。子涵即朱溍，是张佩纶亡妻朱芷芗的兄弟。张、朱为郎舅关系，因此严修以集资之事相告。此事是否有下文，还需再考。不过可以看到，严修曾为营救张佩纶做过努力。

信中的另一件事“刻北学海堂课艺”，在严修日记中有所呼应。这是在转年正月二十七日：“午后，张安圃前辈来，言书院课卷幼师无暇改定。余言似可缓办，若倩代，恐不得其人也。”[②]张安圃即张佩纶之侄张人骏。结合张、严两段日记可知，严修打算将旧日问津同学的课卷及老师的批语进行整理出版。在刻印前，他希望

①张佩纶著，谢海林整理：《张佩纶日记》，凤凰出版社，2015年，第90页。

②严修原著，陈鑫整理：《严修日记》，天津古籍出版社，2015年，第271页。

请张佩纶改定。张佩纶"无暇"之说，其实是一种托词。此时他虽在塞上，但地方官对这位曾经的官场红人格外照顾，张佩纶并无公务，每日主要的事情就是读书。我想，其不愿改定课卷可能是往事不堪回首。张佩纶写信给侄子，让他转告严修另请他人代办。不过严修仍希望课卷由老师亲自定稿。这段记录反映了严修对问津书院求学经历和师生情谊的珍视。

那么，张佩纶是否对问津书院的往事完全不再挂怀了呢？其实也并不是这样。在张佩纶《塞上日记》中，还有这样一段记录：

> 在问津以"九河名义解"课士。钩般河，多主勾股之说，本之潜研也。偶阅《六月》笺"钩，钩鞶，行曲直有正也。"疏云："定本'钩鞶'作'钩般'。"因悟钩般名河之意。《周官·巾车职》曰："金路，钩，樊缨。"注云："'钩'读如娄颔之钩，'樊'读如鞶带之鞶，谓今之马大带是也。"然则此河或谓其如带，或谓其水如车行，钩曲盘旋，曲直有正。勾股之说非也。[①]（按，此段日记整理本释读、标点有误，引用时据影印本略作修订）

这是光绪十二年（1886）七月二十六日的日记，此时张佩纶仍在戍所。他偶然翻阅《毛诗·六月》，见到笺、疏中提到对"钩般"一词的解释，联想到了在问津书院时的一次考课。原来张佩纶在问津书院时曾出过一道题——"九河名义解"，"九河"是指大禹治水时疏导的九条河，张佩纶让学生们通过考证，解释九河名字的

---

①张佩纶著，谢海林整理：《张佩纶日记》，凤凰出版社，2015年，第114页。

含义。“钩般河”为九河之一，当时学生多以为“钩般”即“勾股”，意思是河水曲折，如同弯钩，又像人的大腿弯。这是沿袭钱大昕（号潜研老人）的说法。[①]当时张佩纶也没有异见，此时却意外发现，钩般的意思应是“马大带”。他认为，“钩般”是形容河水如带，或者像马车行进的轨迹。

一段经解触发了张佩纶对问津任教的回想。这年十一月二十八日，严修收到张佩纶寄来的一封信，非常可惜的是，信的内容是否有关往事前尘，我们已经不得而知。[②]

师恩永怀

光绪十四年（1888）四月，张佩纶终于刑满回到北京。此时严修也正在京任翰林院编修。师生是否见过面，现在无从稽考。因为张佩纶本年日记只记录到四月十四日“自西便门入都”，之后便阙略不存了。而严修本年之日记也颇简略，似为追记补写。我们可知的只有九月初六日，严修记道：“到张幼翁处。（初二日已出京。）”[③]这一次两人并未谋面。

张佩纶离京后到了天津，再次来到李鸿章的幕府。马尾战前，张佩纶曾向北洋水师求援，李鸿章按兵未动。避战是李鸿章一贯的主张，但他也因此心存歉疚。张佩纶戍边期间，李鸿章一直与他通信表示关心，并寄钱补贴其生计。张佩纶释

①此说出自钱大昕著：《十驾斋养新录》卷3“钩股”条，江苏古籍出版社，2000年，第58页。

②见严修原著，陈鑫整理：《严修日记》，天津古籍出版社，2015年，第371页。

③见严修原著，陈鑫整理：《严修日记》，天津古籍出版社，2015年，第580页。

成后，李鸿章再次邀请其来津，还以自己的爱女菊耦相许。此前张佩纶已两度丧偶，有感李鸿章的厚意，婚后张佩纶就住在了李鸿章府中。李鸿章曾想请张佩纶再次担任书院山长。此时问津书院已有大名士李慈铭主讲，李鸿章意图聘请张佩纶为保定莲池书院山长。不过，由于“莲池诸生闻之大哗”，张佩纶最终并未就任。[①]此后，张佩纶在津闲居五载，寄人篱下，心情并不舒畅。他在致朱溍的信中写道“留此无一事，书院亦不能得”，“亟思避去津门嚣杂，觅一闲冷之地，为着书遣老之计”。[②]光绪二十年(1894)，甲午中日战争爆发。有人弹劾张佩纶住在直隶总督衙门“干预公务”，朝廷下旨命他离开天津，移居故籍南京。

张佩纶的人生大起大落，在仕途上一蹶不振，但这并不影响严修对他的尊重。曾有好事者戏为一联讽刺张佩纶：“北洋赘婿；南海冤魂。”有人将此联录入日记，可巧被严修看见。严修告诫那人说，此为文人轻薄之作，赶快删去。[③]宽以待人是严修的处世态度，对待老师他更是存有不忍之心。他不愿看到已经处于尴尬境地的老师，仍要被人作践。

张佩纶与严修都是二十四岁中进士，都是一时之青年才俊，都曾官至高位(张佩纶以卿衔会办福建海疆事务，严修官至学部侍郎)，也都有较长的归隐生活。尽管师生在举业宦途上有相似之处，但他们的个性全然不同，行事风格也截然相反。张佩纶才高气盛，严修低调务实。张佩纶以其过人才华，纵言高论，如青牛之角，横冲直撞，一度成为对朝局有着重要影响的意见领袖。严修则专心学务，

①郭立志编：《桐城吴先生(汝纶)年谱》，《近代中国史料丛刊》第73辑，文海出版社，1972年，第100页。

②陈秉仁整理：《张佩纶致朱溍信札》，《历史文献》第13辑，上海古籍出版社，2009年，第165页。

③陈诵洛：《蟫香馆别记》，《陈诵洛集》，广陵书社，2011年，第305页。

一心想通过改革学制，作育人材，厚积薄发，为国家振兴作长远计。退居林下的张佩纶依旧关心政治，庚子之变后曾应李鸿章之召，入都随办和约。息影津门的严修则作为地方士绅领袖，热心公共事业，游历各国考察学习，创立了举世瞩目的南开系列学校。

虽然师生二人性格、行事大不相同，但他们都有学以致用、经邦济世的志愿，他们都对时局有着自己的思考，力图革除旧弊，有所作为。他们认为，这才是学问之道，是学问的根本。也因此，严修一直深深敬重张佩纶。当年让他们缔结师生之谊的是问津书院，是学海堂。问津、学海的名称含有渡船与海洋的譬喻。因为天津滨临渤海，所以书院的创立者、管理者以此为喻，期待学子"正趋鼓楫候劲风，揭百尺维，长绡挂帆席，然后望涛远决，乘蹻绝往，以徐臻乎员峤、方壶、蓬岛之胜"。[①]简单说，就是通过学习，到达学问的蓬莱胜境，"由文得道"。严修与张佩纶由问津书院引出的师生交谊，很好地诠释了学海问津的本义。张、严之间的薪火相递，也展示了士大夫的经世之学与近代教育"尚公""尚实"之学的传承关系。

宣统元年(1909)，严修五十岁生日时作了一组述怀诗。其中一首写道：

最堪思慕最堪伤，师最恩深友最良(李文忠师、徐东海师、张丰润师、贵坞樵师、陈君奉周、陶君仲铭、王君寅皆均殁于近十年)。筑室至今惭木赐(四师之丧余适家居，均未会葬)，铭碑何日托中郎。秋阳江汉风千古，华屋山丘泪几行。逝者全

①卢见曾：《问津书院碑记》，天津市地方志编修委员会编：《天津通志·旧志点校卷中》，天津社会科学院出版社，2001年，第438页。

归复何恨，剩余百感对茫茫。[①]

严修感慨，自己40岁到50岁这十年中，李鸿章（谥号文忠）、张佩纶（籍贯丰润）等老师和众多友人相继离世。他思念老师们的深厚恩泽，为自己因故没能前去参加他们的葬礼，心中充满愧疚。

晚年的严修曾注释张之洞《广雅堂诗集》，其中提到南京城"五松园"。为了弄清此园确切情形，严修写信给南京的友人询问。他没想到，五松园其实便是张佩纶晚年居住之所。《花随人圣庵摭忆》引此事，说："考绳庵乃范老之师，而严注不征《涧于书牍》，殆偶未检及。"[②]（按：绳庵是张佩纶的号，《涧于书牍》是其书信集，严修号范孙，范老是对其尊称。）《摭忆》作者黄濬有所不知，《涧于集》刻于1926年，严修注诗之时（1919年至1920年）还未出版。[③]而在严修1927年日记中，我们倒确实发现了他曾读《涧于集·书牍》的记录。[④]

从日记中可以看到，严修对《涧于集》并不止于浏览，他还专门"读李文忠函稿与《涧于集》互证"（同年2月16日）。在上文，笔者引用过李、张关于问津书院事宜的通信。我想，严修在阅读这些往来书札之时，一定想起了很多当年求学的往事……

2017年12月29日

①严修原著，杨传庆整理：《严范孙先生古近体诗存稿》，天津古籍出版社，2015年，第19—20页。

②黄濬著，李吉奎整理：《花随人圣庵摭忆》上，中华书局，2013年，第94页。

③严修注诗时间见其1919年至1920年日记，天津图书馆编：《严修手稿》第12册，天津古籍出版社，2012年，第8864、8877、8947—8954、8957、8963—8975、8987、9040页。

④《严修日记》1927年2月11日至14日，天津图书馆编：《严修手稿》第14册，天津古籍出版社，2012年，第10475—10477页。

问津书院二题

吴裕成

廉兆纶芦台咏桃花

春赏桃花。古蓟州桃花寺因花得名，清朝建行宫，乾隆帝驻跸赶上花期，兴高采烈赋诗："遥村来处停舆望，只道红霞蔚岭巅。"旧时武清六景之一"西郊花柳"，春天花柳争妍，县志记为"桃杏梨李"，桃是重要树种。在津城，丁字沽桃花堤也是一景，至今花开时节游人仍多。

"柳肥竹瘦映桃津，有客看花花更新。夹岸锦迷三月雨，隔篱红破几枝春。"这是清代宁河人廉兆纶所作《桃花四咏·赏花》诗的前四句。廉兆纶，道光二十年(1840)进士，历官翰林院侍讲学士、内阁大学士、工部及户部侍郎等。同治年罢归，曾主讲天津问津书院。

四咏为廉"少时芦台作"。一咏"记得桃花去岁鲜"，是谓《忆花》。"武陵消息旧神仙”，“美人相隔又经年”，言及桃花源传说，还用了“人面桃花”典故。二咏“东风有意惹相思，吹遍桃花绰约姿”，《怨花》其实是埋怨风，“此际却愁飘万点”，但愿花朵不被风吹落。三咏《赏花》。四咏《问花》：“静对闲情感物华，殷勤问讯小桃花……”

（载于2016年3月30日《今晚报》第16版“副刊·津沽”）

问津书院杏花开

清代津城鼓楼南问津书院，院内有槐有杏。于士祜作诗言及书院内双槐书屋。他还写道：“予乡问津书院学海堂前有老杏一株。”于士祜客居他乡，眼见“红红白白一株株”，赋诗“学海堂前花久别，可能开似昔年无”，仅仅是借以寄乡思？

于士祜希望读书应试跳龙门。然而，屡战棘闱却“名场蹭蹬，至乙卯只中副车”，即咸丰五年（1855）乡试副榜贡生。郁郁不得志。就在载录这首《杏花》的诗集里，几位作序者不约而同，鼓励他“年未四旬，春秋自富”，愿他“大器晚成”。于士祜异乡咏杏花，那“芍药自肥梅自瘦，珊瑚为骨玉为肤”的礼赞，那“学海堂前”的惦念，是不是连着他破灭的，抑或尚存的梦想——科举年代，杏花称为“及第花”。又曾题扇。扇画“美人立杏花下”，于士祜诗云：“个中心事与花谋，轻卷珠帘挂玉钩。惟祝檀郎春及第，早传消息到红楼。”书院与杏花，不妨引此作注脚。

于士祜教书。学生中有一位成了翰林，那是严范孙。

（载于2017年3月1日《今晚报》第12版“副刊·津沽”）

“问津书院”琐忆

李志明

我幼时就读的天津市私立第二小学，其前身就是坐落在天津城里鼓楼附近的问津书院。问津书院是清代津门六座书院中最负盛名的一座，在天津教育史和文化发展史上有辉煌的一页。

1936年，我七岁，在此校读书。记得上学时听先生讲，此校原是久负盛名的问津书院，后演变为私立学校。学校董事卞禹昌，校名为天津市私立第二小学。学校过道有一金字横匾“问津书院”，四个大字是袁世凯题书。校内有六间教室，原是清代举人们的考场，一明三暗的小礼堂是举人们休息的地方。学校把它改造成我们打乒乓球及演出京剧的场地。我对江伯贤先生印象最深。他教体育和音乐二门课，上音乐课时用脚踏风琴伴奏。特别是用风琴伴奏京剧昆曲别有风格。我们上音乐课主要讲授京剧，并聘请专业戏班(原劝业场楼上天华景剧场戏班的教师)说戏，每逢节日或欢送毕业同学时就演出“坐宫”“法门寺”等剧目。

再有学校很重视足球、排球、乒乓球等体育运动，时常和全市各校进行比赛。每当出发时有校鼓号队领先，后有口琴队。受问津书院的熏陶，我的一生都酷爱京剧艺术，退休后仍不忘为京剧艺术做出努力。

(载于2001年8月30日《今晚报》第16版“旅游专刊”。本文由李志明口述，李国荣整理)

论今

问津书院：一座城市的书香与传习

徐凤文

每次收到邮局寄来的问津书院系列印刷品，无论是"小黄本"的《问津》杂志，还是"问津文库"学者的新鲜著述，或者《开卷》《参差》这样简朴可人的小册子，展卷摩挲，总是愉悦不已。这些"问津"字号的出版物，在书架上越积越多，渐成规模，让人忍不住叹服问津书院强大的文化生产力。我每次前往位于大悲院附近的问津书院，无论是出席各种讲座会议，还是在卷肆书吧主持读书活动，总有一种置身其中、心向往之的欣悦之感。

探索天津："问津"正在成为一种传承

海河两岸新的租界风情和城市景象，正在取代昔日影视剧中人们熟悉的天津表情，而要找寻一处与传统天津历史文化息息相关的城市场景，我想不是复建的大号鼓楼，不是熙熙攘攘的所谓古文化街，甚至不是老城厢的文庙或会馆、教堂，而是位于大悲院附近的一处红砖院落。

这里就是重建后的天津市问津书院，坐落于河北区四马路158号巷肆创意产业园内。这里既不同于老城厢的青砖瓦屋，也不同于租界地的红砖洋楼，而是一处经过改造的中西合璧的厂房院落。混搭的建筑风格与周围百年前蜚声世界的河北新区街区风格颇为契合，让那些习惯了脚步匆匆的人们忍不住驻足，踏入，感受这里独特的书香气息和文化格调。

问津书院的主体为巷肆书吧，与一般人印象中的书店不同，这里可售的图书并不算多。但是，它却牢牢吸引着老中青少各个年龄层次的爱书人，他们在这里可以读书、品茶、喝咖啡，可以观摩涉及天津历史文化的影像，还可以聆听学术讲座或参加读书活动，遇到心仪的名家甚至可以索得签名……按照时下的新词讲，这里更像是一个“书店+”的书香复合体空间。书院宣传品上印有这样一段文字：“书院建筑，周遭合围，因得天井式庭院。院内辟双池，其侧植梧桐。夏秋之际，水花轻翻，清风徐送，水韵梧声，交相袭来，令人心境怡然。文人骚客，濡墨挥毫，寄情遣兴，堪为人生乐事也。”如此富有诗情画意、情景交融的问津书院，就坐落在这处充满书香的院落里。书院主体空间，分为三个部分：

一楼阅览馆——双槐书屋，又称巷肆书吧，是免费对公众开放的社区阅读场所，同时出售少量天津地方文化读物。其中，多数都是书院自行编印的印刷品。书屋面积80余平方米，藏书总量超过万册，内容主要涉及文学、历史、美术、建筑、生活等领域，供读者免费阅读。书吧还经常举办各种文化交流和阅读推广活动，来新夏、王春瑜、冯骥才、李长声、陈子善、吴兴文、杨小洲、王稼句、徐雁等文化界、读书界知名人物，都曾来这里做客或参观。2014 年 10 月，天津市新闻出版局组织首批示范“津城书吧”评选，巷肆书吧名列榜首。2015 年 5 月，第十三届全国读书年会在问津书院举办期间，这里又被中国阅读学研究会授予“华夏书香地标”称号。

二楼藏书室——雅雨堂，面积 103 平方米，主要收藏天津历史文献和名家著作等，目前存有各类文献图书逾 5000 册。藏书全部来自社会捐赠，除了冯骥才、来新夏等文化名人所馈，还有天津地方史学者章用秀捐赠的全部个人著作，井振武捐赠的 200 余册天津知青史料等。此外，出生在天津的日本友人近藤久义，捐赠了数千张天津老照片（光盘）；天津青年学人陈硕，捐赠了 10 余部 1949 年前的天津纪录片，总时长超过 1 个小时。雅雨堂的室内装修设计，由国际著名建筑与工业设计大师黑川雅之先生完成，空间利用可谓达到极致，具有浓郁的现代风格。能够得到国际顶级设计大师的垂青，并由黑川雅之亲自设计雅雨堂这样一处书香空间，无疑是问津书院的一大幸事和巨大亮点。

三楼报告厅——学海堂，这是问津书院举办各类主题文化活动的主要场所。每月最后一个星期六（春节期间和 12 月份各停一次）的下午，学海堂会固定推出在天津已成为知名品牌的公益讲座——问津讲坛，每期都约请卓有建树的专家学者开坛主讲，内容涉及天津历史文化的方方面面。论坛免费向社会开放，并与《渤海早报》《每日新报》先后合作，对论坛内容及主讲专家进行全方位报道，扩大社会影响和服务范围。每次讲座之后，还有例行的津沽学者沙龙和冷餐会，专门讨论读书和天津地方史话题。

天津的问津书院肇始于乾隆十六年（1751），光绪二十六年（1900）毁于八国联军炮火。它是津沽历史上建筑规模最大、持续时间最久、社会影响最大的民办教育机构,在天津文化发展过程中有着重大影响。这里曾是清代中后期天津文人名士读书、聚会、活动的重要场所和雅文化中心。

重建的问津书院是民政部门批准成立的民办非企业单位（非营利机构），2012 年 9 月开始筹备,2013 年 1 月启动运作,6 月 29 日正式由冯骥才先生揭牌。重建的问津书院致力打造天津地方文化研究、交流、协作、推广的平台,以“追寻津沽记忆,守望文化家园”为主旨,积极推动天津历史文化资源的抢救、发掘、保护、宣传,同时大力推广全民阅读和营建书香社会。

在这样一个浮躁的年代里,天津还有这样一处“古旧”的空间,一处“存典”的所在,一个“书香”的家园,总是件让人欣慰不已的好事。书院编印的《问津》,每期封面都印着英文“探索天津”,与书院的宗旨可谓十分契合,钟叔河先生为此专门写信给主事者王振良先生,称刊名“取得很好,远胜泛泛者流”。

问津书院除了固定的问津讲坛外，还不定期举办各种主题的研讨会、读书会、签售会等,将文化研究与文化普及相结合。如 2013 年举办“卢靖卢弼学术研讨会”,2014 年举办“纪念华世奎诞辰 150 周年学术讨论会”,2015 年举办“纪念章钰诞辰 150 周年学术研讨会”等。此外,问津书院还承办过天津著名文史学者章用秀先生的学术研讨会,为潜心研究汉沽文化的市民李瑞林举办“李瑞林与汉沽文化学术讨论会”。尤其是后者,由无任何官方色彩的社会组织发起主办,为一个致力地方文史研究的学人举办专题研讨会，这既是对民间学人努力和成果的认可,也体现了问津书院独尊学术、不唯权威的文化品格。

重建的问津书院还选出了“问津十景”,名称皆取自原书院和新书院的典故,包括梧庭水韵、槐屋芸香、集堂论道、学海谈玄、郁文呈艺、雅雨藏珍、轩台止月、楮墨传馨、竹间贮宝、梓里寻珠等。这些命名醇正典雅，相关的版画、刻砖、刻竹、笺谱、书签等文创产品已陆续问世，这不仅是对历史的简单借鉴和复刻，更是一种“楮墨传馨”式的对天津历史文化探索的创新与传习。

存录天津：“问津”正在成为一个系列

虽然各地都有文史馆、史志办、文史委之类官方编制，但地方文献资料的整理和出版素为“老大难”问题，尤其是由民间社会组织操持此事，难度更是可想而知。但在理事长王振良的主持下，问津书院在不到四年的时间内，竟然打造了一个即使在全国范围也极为罕见的“问津”系列书刊群。

问津书院编印的内部交流资料《问津》杂志，坚持用牛皮纸作封面，我爱称它为“小黄本”，这是问津书院着力打造的基础传播平台。2013 年 1 月起，《问津》每月印行一期，内容主要围绕天津历史、文化、民俗等展开，汇集保存了大量天津学人的研究成果，截至目前已印行 44 期。《问津》无论是办刊宗旨还是编辑理念，都继承了此前振良先生主编“小白本”《天津记忆》的传统，在内容的重要性和学术性上又有一定程度提升。对此，国内著名书评人朱晓剑评论：“这大致也是《问津》的特色所在，猛一看，是《天津记忆》的延续，实在是继续将地方文史向纵深挖掘。”《新文学史料》主编郭娟则评价称：“每一本像过去小人书那样的开本，一本一个主题，有关于孙犁、刘云若等作家的，有关于天津某地界儿的，有关于曲艺的，有关于津门烟话的，有关于各类人物如卢木斋的，都是难得的史料。”

为了突破地方文献资料“出书难”的瓶颈，问津书院与天津古籍出版社合作出版了“问津文库”系列丛书。这套文库由问津书院策划，王振良先生任总主编，以挖掘、整理、出版天津地方文史资料为主，多部著述填补了天津地方历史文化研究的空白。问津文库题材选择不拘一格，无论是否为问津同仁，只要其著作有学术价值，即可纳入出版范围，解决了许多民间作者出书难及成果难以被社会承认等问题，极大地推动了天津地方文史研究队伍的建设。目前，文库已推出近 40 种，分属“天津记忆”“通俗文学研究集刊”“津沽文化研究集刊”“津沽名家诗文丛刊”“津沽笔记史料丛刊”“三津谭往”“九河寻真”等七个系列。

“问津文库”是问津书院探索出来的一种新型合作出版模式。振良先生在《应弃须弃 当止则止——答〈梧桐影〉主编夏春锦问》一文中，对这种模式进行了简练的总结：“从公益的角度讲，四个合作方都是奉献者：书院提供排版和印刷经费，出版社提供统一书号和三级审校，作者提供稿件放弃稿费，主编无偿组织协调和编校稿件。从世俗的角度讲，四个合作方又都是受益者：书院成果看得见摸得着，既营建了企业文化氛围，也提升了社会认知程度；出版社快速打造出了文化品牌，短期内经济效益可能不高，但社会效益乃至政治效益极好；天津地方文化类书稿，很长时间以来备受冷落，要想出版多要走自费渠道，纳入文库能不花钱公开出版，同时作者还可获得 100 部样书，实际上相当于以书代酬；而作为主编者，显然可以通过策划组织这种大型丛书的出版提升社会影响力。综合比较来看，受益最大的还应该说是作者（尤其是初次出书的作者）——这种四方合作模式，不但解决了作者出版难的问题，而且‘问津文库’的整体包装推广（如每年正月初五集体签售、正式报刊发表书评、各类书展的海报广告，部分图书还与讲座、研讨会等配合)，对作者的社会知名度和学术影响力提升都大有好处。‘问津文库’在天津的影响已经初步形成,目前稿源十分充足,而且质量也在提升。”

除了《问津》和“问津文库”,挂靠在问津书院名下的内部资料性刊物还有《开卷》《品报》《参差》等,这些多已成为在全国读书界颇有影响力的品牌。

2014年1月,问津书院与南京的开卷书坊合作,自2014年1月起合编著名的读书类内部资料《开卷》,每月印行一期。2014年10月,继策划在读书界颇具影响的《开卷文丛》《开卷书坊》后,由《开卷》杂志策划、人民日报出版社出版的又一套“开卷”系列《问津文库·开卷闲书坊》在京首发。此套书共6六本,包括《壹壹集》《清古书荫》《尺素趣》《萍水生风》《书装零墨》《开卷闲话序跋集》。值得一提的是,该书装帧由多次荣获“中国最美的书”奖的著名装帧家周晨操刀,采用法式精装,小开本,简洁素雅。书名分别由张充和、周退密、邵燕祥、流沙河、白谦慎、王稼句六位文化名家题写。这种“强强联合”的协作模式,无疑又将问津书院和问津文库的影响力推上新的高度。

《品报》是以电子版形式交流的内部资料,主要发表和转载关于民国北派通俗文学的文章,在通俗小说研究者和爱好者中有相当的影响力。《品报》2010年元旦创刊,目前已推出36期,内容总量逾200多万字。最初托名虚拟的民国通俗小说研究馆编,每逢单月的1日出刊。2010年和2011年的2月1日,还增出过两期春节特刊(序号统一编排)。2013年改为季刊,每逢1月、4月、7月、10月的1日推出,同时改署天津市文学编辑学会编,2014年起又改为问津书院接编。《品报》一直署张元卿、王振良、顾臻、林鸥编辑。合作形式是大家共同写稿、约稿、搜稿(从网络上检索适合转发的稿件),最初由王振良负责编辑和排版,从第23期起改由张元卿负责。电子刊的优点是容量无限,投送精准,因此很容易形成影响力,如今已成为展示民国通俗文学研究成果的重要阵地。

《参差》目前为半年刊,是问津书院与被誉为“国内毛边书研究第一人”的沈文冲先生合作,由沈文冲先生负责约稿、编辑及募集稿酬等事宜,王振良负责排定版面,印刷费用由问津书院负担。

振良先生常谦虚地称,他与问津书院参编《开卷》《品报》《参差》仅是“挂名”。实际上,这种跨地域合作模式,不仅仅“挂名”而已,而是开辟了读书民刊发展的新路子,不仅使问津书院在全国的知名度和美誉度得到提升,也为举步维艰的各地读书民刊探索可持续性发展的新路提供了一种可能。

示范全国:“问津”正在成为一种范式

如今,历史或者说“过去”,正在逐渐进入一个地方的公共记忆。按照法国历史学家马克·布洛赫的定义,“过去就是以后不会改变的资料。但对过去的认识却在渐渐深化”。问津书院这样一处书香空间的构建与扩散,使天津的文史圈和读书圈不仅有了一处集聚的公共平台,有关天津“过去”的资料性挖掘、整理、认知、还原乃至推广也正在逐渐深化,不断刷新人们对这座城市深厚历史文化的认识,不断丰富人们对过去历史细节的了解。这种价值,今日或尚不显,随着时间的推移和未来研究者的关注利用,问津书院的文化价值还将更加凸显。

提起问津书院,大多数人都知道问津书院的“山长”(理事长)王振良先生。王振良,笔名杜鱼,今晚报社高级编辑,南开大学城市文化研究院特聘研究员,中国传承人口述史研究所学术委员会委员。除了《今晚报》的“正差”，自 2005 年写作“洋楼故事”起，振良先生由小说史研究转入天津记忆的整理、寻访及研究、推广工作，业余从事天津地方历史文化的研究，尤其在近代建筑的人文历史方面有很多发现，并摸索出一套确认历史建筑身份的有效方法，著有《稗谈书影录》《荏苒芳华：洋楼背后的故事》等，还主编了“问津文库”中的多本集子。十多年来，他靠个人力量创办并支撑《天津记忆》《问津》等小刊物，可以说创造了天津文化史上的一个“奇迹”。

回忆历史，撰写历史，不仅要有“敬畏”之心，更当有“温馨”与“通达”之情，以及可堪“玩味”之趣。以振良先生而论，他从来没有将自己定位为历史的主述者，然而却“制心一处，无事不办”，将正常工作以外的大量时间和精力，用于问津书院的纷繁琐碎事务，通过主持编写“问津”系列读物，为天津历史补上了精彩的拼图，而这正是问津书院的一种追求和品格。振良曾将问津的出版物定义为“好玩”：“所谓好玩，于个体应当有趣，于他人应当有益，于社会应当有用，只有这样的平台才有可能坚稳牢固，不受或者少受外界风浪影响。”这样的追求，看似简单，实则不凡。正如美国著名学者威尔逊在《阿克瑟尔的城堡》所称，一些所谓学术大师与社会太隔离，“是纯粹知性的思想操作，但却不为任何社会力量所驱使，对人类生活的可能性也没有任何渴望或创造性想象”，问津书院致力打破学术与社会之间的藩篱，搭建学术通俗化、大众化的津梁，而不是致力于经营小圈子的“卿卿我我”和冬烘先生式的自我陶醉。这样的追求，这样的付出，这样的坚守，于今之世，殊为不易，更其难得。

与各地民间刊物略显尴尬的现实处境比，问津书院一步一个脚印，确实走出了一条可供各地借鉴的新路子。早在成立之初，书院即已规划了八年的发展方向，按照近期（2013—2014）、中期（2015—2017）、长期（2018—2020）分步实施，而其实际进展速度又大大超过了预期：双槐书屋（巷肆书吧）每天免费开放，吸引了大量社区居民和各类学生；问津讲坛每月定期举行，形成了稳定的听众队伍；问津学术年会成功举办 3 次，已成为天津历史文化研究者每年期盼的雅集盛会；《问津》《开卷》《品报》《参差》等系列刊物均按刊期正常推出，与其衔接的后续成果不断涌现；雅雨堂（天津地方文献中心）资料数量稳步增长，目前已有图书近 5000 册，各类历史照片数千张，1949 年前的珍稀纪录片一个多小时；大型天津历史文化丛书"问津文库"已出版近 40 种，大型天津历史文献丛书《天津文献集成》进展顺利，首批成果即将推出；"问津十景"品牌的社会知名度日益提升，问津书院已被列入天津市河北区重要文化旅游景点；问津书院还申请了自己的商标专利并开通了微博、微信等。经过四年来的努力和探索，通过媒体和自媒体的广泛传播，问津书院不仅得到了天津本地人越来越多的了解和认同，也得到了外地学者、书人和媒体的关注与好评，成为天津将文化普及与民间学术相结合的综合性文化平台，以及在天津文化界乃至全国读书圈有一定影响力和美誉度的知名文化品牌。

2013 年 6 月，冯骥才先生为问津书院揭牌时说："书院的探索如果成功，在全国将有着很好的示范意义。"2014 年 10 月，在株洲第十二届全国民间读书年会上，陈子善先生称问津书院的运作模式"对其他民刊有一定借鉴意义，可以说是已经形成了一种范式"。2015 年 5 月，问津书院承办了第十三届全国读书年会，近百位来自全国各地的学者、书人莅会，对问津书院的发展模式赞不绝口。

民间文化人所做的工作大多比较琐碎，或者带有更多的“草根性”，但这种“草根性”往往具有难以替代的价值。2016 年 6 月 8 日，石家庄文史学者彭秀良在《燕赵晚报》撰文《来自民间的文化担当最可贵》称：问津书院邀请散落在民间的各类文化高手“各显神功”，“收获的就不仅仅是一套书，而是民间文化力量的大聚合，将来或许会显现出更大的力量。从历史的视角观察，许多文化成果都是起源于民间，最后经过政府或其他途径的肯定与推介，才在历史上留下了显赫的名声，最终得以流传下来。”

博采丛集，广智新知，探索天津，书香传习，这已成为问津书院的重要特色和人文品格。举凡讲座、出版、会议等各种活动，问津书院无不广集博采，不囿于门户之见，不限于官方民间，不标榜卿卿我我。从问津讲坛到问津年会，从《问津》杂志到“问津文库”，从《品报》到《开卷》，从《参差》到筹划中的《郁文》，问津书院不仅聚集了一大批来自不同领域的天津地方文史爱好者和研究者，更与全国读书界形成了同气连声的互动之势。“问津”系列出版物提供了许多鲜为人知的文献、档案及民间记忆资料，大大开阔了研究者的学术视野，不仅广见识，而且增学力，使今日及未来有志于天津历史文化研究的人从中获益，更为全国读书民刊竖起了一个高蹈的标杆和可供借鉴的发展范式。

2016 年 8 月 9 日

“问津精神”的时代意义

——问津书院六大文化作为述评

尹树鹏

天津建政较晚，故建于清代的诸家书院，文化特性与外地古老书院比较起来，呈现出共性期较短而个性期较长的特点，这是接受清末天津文化空间直接塑造的结果。在晚清，天津的书院都呈现出很强的学术亲民性，特别是保存至最后的问津书院。

书院自唐代出现，本是宫廷所设的藏书、校书、修书机构，专供宫廷内部使用，并非士子肄业的场所。直到唐末，书院才有了学术研究、祭祀讲学的儒学教育功能。至明代，随着社会经济发展出现市民阶层，对文化需求呈多元状态，助推了书院士子自由讲学现象的出现。因学风自由，遂有了广泛的社会基础，这是书院民间社会效应的首次迸发。一些科考失败、仕途无望但对社会有见解的知识分子，转向对书院的关注，将很多书院建设得有声有色，如明朝天启年间的东林书院。但是，朝廷恐其危害正统，明确规定士子不入官学不能做官，从政策上来抑制书院的发展，逐渐形成两大文化教育平台长期博弈的局面。

清代前期，官府对书院一直进行压制，到中期政治形势稳定，遂开始对书院放松管制，使其得以长足发展。至乾隆年间，天津才形成三大书院。这些书院建立之初，就是维护皇权统治的正统儒家思想教育场所，集讲学、授徒、学术研究、祭祀为一体，与官学教育功能基本平行。这种局面一直维持到清代后期。问津书院初创于乾隆十六年(1751)，由长芦盐运使卢见曾倡建，盐商查为义捐地助成。卢见曾取“汛海问津”之义为书院命名，原址在老城鼓楼附近。光绪二十六年(1900)，书院毁于八国联军炮火。问津书院是天津历史上规模最大、持续最久的民间教育机构，吴联珠、金文淳、姚范、张模、韩嵩、梅成栋、廉兆纶、李嘉端、张佩纶、黄国瑾、李慈铭等，均曾在此讲学。根据主讲队伍的排序，可以大体解析出书院讲学内容与这些人所处时代和知识结构直接关联。如道光间著名诗人梅成栋，曾藉书院双槐书屋起梅花诗社，说明其时研究词章、文学也是活动内容之一，堪称书院的一大特色。但是至张佩纶、李慈铭时代，清代讲究经济适用的颜李学派学说，当成为讲学的主体内容。自李鸿章督直后，书院受到大量社会改良思想的影响，在这里研习的文人，研究内容除了策试之外，关注社会时局成为应有之义。新派文人或者具有改良务实思想的知识分子对书院活动的参与，直接影响了书院的文化内涵。

天津是李鸿章倡导洋务运动的前沿阵地，也是产生改良新思想的基地。问津书院在这种文化空间和历史背景下，已经逐渐淡化了传统经学传播的风范。这时的津沽文士，大多在此研习新的文化内容，他们基本都能够理论联系实际，使书院成为沟通官民的雅文化中心，增添了问津书院在天津文化史上的分量，并一直影响着天津后来的地域文化走向，使其在北方书院中独具特色。光绪年间，李鸿章接受劳乃宣的建议在书院设直隶官书局，转售了许多有影响的书刊，使这里成为天津重要的图书集散中心。直隶官书局的出现，直接影响了直隶书局的建立。从后来直隶书局公布的书目来看，旧学书籍中的经学内容虽然不少，但都甚为简洁，多为白话注解的普及型，而大量反映20世纪初新知识、新思想、新科学、新技术等内容的书大量发行，也间接证明了问津书院后期及直隶官书局呈现出的弱化保守、强化创新的文化内涵。2013年，天津有识之士重建问津书院，在接续书院学术研究传统、延续天津地域文脉的基础上，五年来走出来一条文化创新之路，具体就体现在其六大文化作为上。

打造现代问津文化的空间

没有文化空间，任何文化行为都无法实施。问津的建设者们瞄准问津书院的历史影响，精心选址，打造了一个既有问津传统和内涵，又有现代化设施与风貌的新型书院。问津书院自觉地承担起天津文化普及与提高、学术研究与推广等系列任务，用文化作为直接惠民。文化惠民是高端的惠民措施。民间组织能担当起文化惠民的使命来提升民族文化自信心，是现代知识分子高尚的作为。中国的读书人向来有藏书的习惯，但大多是密而藏之，仅供个人欣赏，鲜为公众服务。问津书院将这种脱离社会和脱离大众的两种作为彻底扬弃后，自觉担当起为大众提升文化和学识的重任。当下天津公共文化设施发展很快，但在基层和社区仍有许多空白。以王振良先生为代表的津沽文化建设者以文化品位为先导，以文化平台为目的，建成了一个新问津书院的文化空间，并用它实现了文化惠民的突破。

任何文化的魅力都来源于其品位，品位则蕴含着格调和趣味，是满足受众感知和兴趣的心理基础。为此，文化空间必须用硬件和品位来支持和保证其功能。新问津书院的建设者，在当下已无法再现书院的历史旧貌，但他们凭借着对天津城市的热爱、对文化传统的执著、对书院这种民间文化学术机构社会意义的追求，选中一处工业旧厂房将其改建成古与今、中与西、传统与现代、自然与人文相统一的新型书院。书院新址本身就是工业文化遗产，它的建筑标准远远高于民用建筑，所提供的功能空间经过改造后非常完备。房间十分宽敞，采光、保温、供排水及舒适性、私密性、温馨性等建筑功能样样具备，为开展各种活动创造了独特的空间。所有这些，都优于通常的文化机构，体现出规划者、设计者、建设者的智慧，让天津拥有了一处追求品位的现代化书院。问津书院五年的文化实践，充分体现了它是具有空间、品位、内涵的和谐整体，让普通人在此通过文献阅读和文化讲座，就能穿越时空享受问津的文化大餐。问津书院这处民办文化场所，彻底扬弃了对文献资料藏而不宣、秘不示人、脱离社会的官办习气，创造性地成为了自办、自维、自治、自律、全心全意为民众服务的文化机构。在空间布局上，继承了原问津书院的功能结构并用现代化设施完善了这些功能，将整个活动空间分为三个主要功能单元：一楼为双槐书屋，是阅览中心；二楼雅雨堂，为地方文献收藏中心；三楼学海堂，是授课中心。此外，还有其他具有附属功能的共用设施，如有开展大中小型学术交流的会议厅，进行艺术展示和交流的展览厅，方便恳谈休息的会客厅和餐厅，便于摄影取景的开放式庭院，甚至还规划有院史陈列馆……这种功能组合，体现出读者和受众至上的服务理念，展现了问津书院为文化服务的现代化空间特色，使其成为天津民间文化的地标性建筑。

建立读者至上的阅读中心

建立公益书吧以推动全民阅读，是提升市民素质的一件好事。天津市区的图书馆和书吧很多，但规模与阅读绩效比不是很高，主要原因是分布空间与路途，阅读环境、图书种类和开架程度尚不能满足读者需求，为此问津书院在幽静便捷的四马路，临街一层设立了巷肆书吧（双槐书屋）。这里名为书吧，但规模已是合格的社区图书馆，藏书超过万册，图书种类除了普及类和生活类读物，还有内容涉及文学、历史、美术、建筑等领域的具有研究性的高端学术著作，还备有多种大型工具书和资料书，以方便较高学历人群进行提升式研读。为提升天津市民的文化自信，书吧又大量搜集介绍天津历史文化的专题图书和书院编辑出版的地方文献。此外，这里还配备有很多儿童读物和盲人读物，成为可满足各层次读者和特殊群体需求的图书馆。书吧面积近百平方米，净高4米，入内就有宽敞宁静的感觉，加上20分贝慢节奏轻音乐的播放，让读者在享受阅读乐趣的同时放松身心，大大提高了阅读质量。在书吧里，除了常规的中老年读者，经常能看到大中小学生、农民工和年轻的情侣等，也有不少家长带着子女来此阅读。因服务周到热情，空间优雅舒适，图书量多质高，巷肆书吧在2014年天津市新闻出版局首批示范“津城书吧”评选中名列榜首，这直接体现了它在推动全民阅读中的贡献和作用。

用民间力量建立地方文献中心

问津书院二楼雅雨堂，是正在创建中的天津地方文献中心。天津既是近代创新性城市，还是近现代中心城市，许多重大历史事件都在此发生。天津也是众多历史名人和文化资料的聚集地，但由于多种原因，有关天津近现代史的非主流资料被大量淹没。作为天津历史文化丰富内涵的基础性记忆，这些资料的挖掘、整理与编辑出版，已成为研究天津史的紧迫任务。但专业机构因体制和机制的原因，目前尚很少顾及这些，问津书院遂将这一繁重任务承担起来。几年来，问津书院编撰出版直接反映天津历史文化的“问津文库”系列丛书已 60余种。其中“天津记忆”由熟悉天津的各层次人才执笔，或利用掌握的第一手资料，或以亲历亲见亲闻事件为基础，对天津已经消失或湮灭的历史进行抢救性的发掘。“通俗文学研究集刊”牢牢抓住天津曾是北派通俗文学大本营的优势，对近代以来居津的对通俗文学有重大贡献的作家以及他们的作品、经历和艺术进行了挖掘和研究。“津沽文化研究集刊”“名人与天津”针对历史上对天津和中国文化产生较大影响的人物、事件、现象等进行了研究和普及。《津沽名家诗文丛刊》和《津沽笔记史料丛刊》系统整理了天津的文学和史学文献，这里面《严修日记》的整理影响尤其巨大。这些丛书为研究天津历史文化做了大量的补白。而《三津谭往》和《九河寻真》，则是问津讲坛讲稿和问津年会文稿的汇编，及时保存了容易再次散失的最新研究成果。问津文库以及即将影印出版的

《天津文献集成》,极大地丰富了天津历史文化资料库的构筑,受到各专业机构的重视和社会各界的好评,许多丛书品种还成为市民热购的图书。文献中心已存有天津各类文献两千余册,全部来自社会捐赠,其中包括冯骥才、来新夏等文化名人的赠书,还有天津地方史学者章用秀捐赠的全部个人著作,井振武捐赠的二百余册天津知青文献,日本友人近藤久义捐赠的数千张天津老照片,青年学者陈硕士捐赠的1949年前天津纪录片等特色文献。雅雨堂的室内装修设计,由著名建筑与工业设计大师黑川雅之先生完成,空间利用可谓达到极致,具有浓郁的现代风格。

用讲坛普及文化,用学术滋养社会

问津书院在每月最后一个星期六(春节和年末各停一次),在三楼学海堂推出公益讲座“问津讲坛”,每期聘请卓有建树和见解的专家学者主讲,这里面有大学和各研究机构的专家学者,也有民间自学成才的社会精英,其中包括许多天津历史文化研究的后起之秀。讲坛内容涉及天津历史文化的各个领域,每年完成一个主题,至今已成功举办46期。主讲者从各自不同的专业视角、年龄和阅历讲解自己对天津历史文化的理解、研究和分析,使专业机构研究人员和民间学人有了交流和提高的机会,互补了各自或对社会实际了解不深或学术精神尚需提高的不足,助推天津乡土文化研究不断形成高潮,也增加了天津地域文化的自信心。为提高讲座效率,讲座前一般由媒体发布公告,讲座时免费向社会开放,并且与《渤海早报》《每日新报》等媒体先后合作,讲座后对内容和主讲专家进行全方位报道,大大拓展了讲坛的影响力。讲坛的讲稿每年结集出版。每次讲座之后,还有例行的问津学者沙龙,讨论读书和天津地方史话题。

用交流普及来辐射文化

从社会学角度来看,一个地方的文化软实力,主要表现在它自身文化的辐射度上。辐射能力越强文化向心力越大,而文化的辐射力并不等同于城市的风景,而是取决于它对周边地区历史文化的影响。近代以降直至计划经济条件下的20世纪80年代,天津经济文化的辐射力位居全国前列。翻开中国的近代史,天津始终是"三北"地区的经济中心,其文化吸纳能力和创新力也极强。而最近三十多年时间,天津的城市影响力却有所减弱。反思这一过程,有利于重建天津人的文化信心。问津书院抓住这一历史机遇,选用独特的民间方位与周边地区进行文化交流,通过这种交流再现了天津文化的辐射能力。书院有许多方法都已获得专业人士和社会各界的点赞。

一是精确使用天津历史文化资源进行学术交流。在近代史上,众多客居天津的文化名人发挥了许多历史作用,创造了辉煌的历史;也有天津籍的名人旅居外地,在工作地区取得不凡的业绩。问津书院即以此为落脚点,成功地与相关地区进行了不同层级的区间文化学术交流。五年来,与湖北沔阳开展了卢木斋生平业绩学术交流,以"中国近代图书事业"为主题开展了金钺、卢木斋图书事业研讨会,与成都文联开展了天津与巴蜀文化座谈交流,以阎道生对绘画、武术、教育的历史贡献与霸州市进行了研讨交流,与台湾出版界以及《武林》《搏击》等刊物进行了武术历史文化研讨交流，与北京、保定、石家庄等地区的地域文化研究者进行了京津冀协同发展中的文化视野交流研讨……每次交流过程，来津客人都积极参加。这种民间平台非常便捷，大大提高了文化学术交流的效率，客观上提升了天津的文化软实力。

二是用文化产品进行交流。文化行为有许多保留的方法，用传统的出版物这种方法最为牢固。问津书院因触角众多而与各层次的文化人联系紧密，故而能调动许多人的文化热情，使他们愿意拿出珍藏的珍品图书或个人著述，公开印行以与社会共享。为让学术成果广布流传，王振良先生在工作之余为书院编印内部交流资料《问津》，2013 年 1 月起每月一册，主要围绕天津历史、文化、民俗等展开，汇集保存了大量天津学人的研究成果。如耄耋之年的李炳德先生，对天津小说里的方言土语、崇化学院的亲身经历，都仔细认真地进行了整理或回忆，做到了小题目大手笔，尤其是有关天津方言土语的著述，具有研究天津文化工具书的作用。2014 年，问津书院与南京开卷书坊合作，编辑著名的读书民刊《开卷》，推广各类阅读活动。2014 年，书院还接编在通俗文学研究领域有着广泛影响的电子刊《品报》，2015 年书院又协助毛边书研究专家沈文冲创办《参差》，这些都使书院与外地的文化交流形成常态化。最近，问津书院还与天津图书馆合作编辑《天津文献集成》，全书精装 16 开 50 册，总计约 3.3 万页，收录各类天津地方文献 80 余种。集成的出版将填补天津历史上缺乏大型地方文献丛书的空白。通过这部文献，学术界可以全方位地了解天津历史文化，为研究天津乃至中国近代史提供了基础性资料。

将问津平台建设成为问津品牌

无论是物质产品还是文化产品，它要形成一个品牌是非常艰难的。从商品学角度讲，品牌的形成要有四大要素——产品质量要过硬，自身魅力要动人，还要有持续不断的积累过程和最后被社会认可的公信力。在当前社会运行机制下，专业文化品牌得到社会各方认可很难，至于拥有持久的魅力更是难上加难。问津书院作为有为的民间文化机构，五年来在这四个要素上努力打拼，使问津平台的社会认知度不断提升，品牌效应已经初步形成。仅以内部交流资料《问津》为例，其开本大小、封面设计新颖有趣，特别是封面，每期都有与内容相关联的独具匠心的图画，让读者一册在手既有趣味又觉好玩。《问津》现已成为天津文史收藏界热追的藏品，其内容的新颖独特加上作者的真知灼见，没有任何空泛之谈，不愧为质量上乘的保存佳品。书院举办的各种交流会、研讨会、发布会、座谈会、纪念会，还有每年定期的年会，都成为天津文化界和相关领域学人的节日，这是几十年来少有的文化现象，也是天津文化史上可圈可点的现象。

问津书院的文化作为，虽然只经历了短短五年时间，而且还在发展过程中，但确实已经形成了"问津现象"乃至"问津精神"。文章的最后，我们就谈谈"问津现象"或"问津精神"的当下意义。

一是民间参与文化建设的可贵探索。文化在数字化时代的商品经济大潮中如何建设，是摆在各种体制下的一种必须考量的问题。在以王振良先生为代表的津沽文化建设者和以李云飞先生为代表的文化事业支持者的共同努力下，问津书院 2013 年 6 月 29 日在河北区四马路 158 号巷肆创意产业园内正式揭牌复建，天津的问津书院至此重获新生，它自觉承接了研究推动天津地域文化的重任，担当了建设津沽文化的民间角色，其本身就已成为民间参与文化建设的一种探索和示范。

二是新文化生态条件下文化建设的生力军。当下的文化生态有两个显著的特点：一是数字化的网络世界，改变了人们对信息吸纳和交流的形式；二是为商品经济服务的商业文化丰富多彩花样翻新。问津书院迎着文化生态巨变而生，但却拥有冷静的社会担当，恪守基本的学术良知。这种文化生态变化来得快速和剧烈，直接冲击着人们对文化的关注点，迫使文化资源裂变并改变着各个层次的话语权以及文化地位和社会文化形态。问津书院无疑是新文化生态条件下文化建设的生力军，对增进天津城市文化自信、促进社会和谐发展，都有着不容低估的作用。

三是精英文化的符号象征。当下的社会空间，既是填充着快速变化的信息的空间，也是存在着大量碎片化社会事务的空间，它活化助推了大众交流的爆发，使社会的宏观和微观变化得以快速传播。标新立异的新观点、新史评还会导致社会空间的变异和空间话语的更新，文化精英和专业单一的各式文化人，都因此受到了挑战。对他们进行挑战的，是迅速壮大起来并迅猛扩展的大众流行文化。这种扩张，打乱了原有的威权体系固有的秩序，并在一定空间和时间内会主宰社会舆论。曾被边缘化的底层文化（如广场舞及各种方言小品等），也快速汇入这一文化空间里。这种局面虽然使知识分子更加自由，却弱化了他们的社会影响力。大量的文化形式转化为产业，成为消费资源，社会拥有的知识经济同时也成为文化经济。流行文化具有抢占社会空间的优势，但在流行文化占据的社会空间中，却很难找到精英文化的符号象征，而问津书院的出现，不能不说是极大的例外，这其中的原因值得探讨。

四是滋养城市精神。如今的城市空间和媒体空间被经济大潮快速侵蚀，几乎成了广告话语和娱乐至死的世界，它们依托的正是流行文化。当这种流行文化的消费性大于审美性时，娱乐文化就会占领人们的思想空间，使我们不得不产生文化的危机感。因为文化的产业化实质是商业化，而文化的娱乐化则是其商业化的具体体现。但是，娱乐文化不能滋养城市精神，更不能哺育民族精神。如何在这种形势下传承优秀文化和高雅文化，以滋养城市精神和哺育民族精神，为社会发展提供正能量，成为摆在每个有良知的知识分子面前的必需选择——即在流行文化中捍卫文化的严肃性，保持文化的时空穿越性。问津书院的优秀文化成果，就是滋养天津城市精神的重要营养品。

问津书院五年来的文化实践，实实在在地体现了知识分子的社会良知与历史担当。问津书院不但为民间知识分子进行学术的研究和传播提供了舞台，也把文史领域的学术用最普及的方式向公众传播，直接补充了众多媒介无法涉及和无法到达的领域与空间。问津文化平台作为文化品牌和文化现象，如何从其走过的五年历程中汲取有益经验，是天津当代文化建设中值得研究的课题。

2017 年 8 月 21 日

问津书院运行模式与创新路径试析

井振武

问津书院创办于清乾隆十六年(1751),是津城四大书院之一,规模大,影响久,历来为津沽文人学子所看重。光绪二十六年(1900),问津书院建筑在兵乱中被毁,在随后的废科举、兴新学热潮中,问津书院的传统文化精神也泯灭了。民国年间,由学者严修、华世奎、林墨青、李廷玉等创立的崇化学会和国学研究社,弘扬国学,传承文脉,纠西学之偏,培育弟子学员众多,影响已至于今。改革开放之初,乡贤李世瑜等力倡恢复崇化学会,邀请名师讲学,以书院传承为己任。然而,几经努力却功败垂成,留下了诸多遗憾。可见不管是问津书院还是崇化学会,在复兴的道路上困难重重。

问津书院的重建

一般说来,困扰当今民间兴办书院的有两个大难题:一是如何定位,即办一所怎样的书院；二是如何运作，即怎样解决经费、场地、师资、听众、出版、传播以及空间设施建设等问题。定位不准，难以施展；没有经费，无从运作。因此说，能否解决好上述两个问题是新建书院成败的关键。

解决定位问题，既是理论问题，也是实践问题。书院是教育机构，古来如此，毋庸置疑。比如香港中文大学，自 1949 年内设新亚书院以来，相继设立崇基书院、联合书院、逸夫书院、晨兴书院、善衡书院、敬文书院、伍宜孙书院及和声书院等，开大学书院制教育的先河。内地大学书院制远晚于香港，2002 年 12 月贵州大学才成立中国文化书院。2005 年，复旦大学的复旦学院以四幢宿舍楼为基础实施"四年书院制"，分别用老校长的名字命名为志德书院、腾飞书院、克卿书院和任重书院，书院制教育逐渐遍地开花。2006 年 9 月，西安交通大学实行书院制，成立彭康书院，全体本科生进入书院接受教育。2011 年 6 月，苏州大学又成立以香港实业家朱敬文先生命名的书院——敬文书院。上述书院都是大学，毫无疑问均以培养大学本科人才为己任。还有其他形式的书院。如 2012 年开工 2015 年落成的，由武汉市新洲区总投资概算 10 亿元、占地约 7500 亩的武汉问津书院。就实质讲，这家书院是一个集旅游开发、教育文化、创意产业、休闲度假于一体的综合项目——中国（湖北）问津教育文化产业园。

天津要成立问津书院，首先必须给新成立的书院以文化定位，必须回答它是教育机构还是文化学术团体的问题。如果盲目地一味恢复问津书院或崇化学会旧制，将其设计为以招收学员传授"四书五经"为主的教育机构，那么就属于私人办学范畴。而要办的是大学还是中专也必须明确，以便与现行教育体制接轨。然后，才能考虑诸如创办经费、教育场地、教育设施、所聘教员、薪金标准、招收学生对象、毕业分配去向等一系列问题。在当前高等院校林立、培训机构泛滥的情况下，创办一所复古的旧书院是很难有出路的，即使有人投资，师资和场地等无虑，生源也是一个严重问题。另外，新成立的书院如果社会认可度低，招生艰难，教育主管机构能否审批同意，也是一个未知数；即便同意了，出现无人问津的局面怎么办？其毕业生的就业出路与前途又在哪里？由于定位不准确，投资方血本无归的例子屡见不鲜。

当代民间创办书院的宗旨各异，前无古人，没有现成的路可走，必须创出一条新途。在定位问题上，新的问津书院创办人高人一筹，将其定为传播地域文化的民间学术实体，一方面挖掘研究天津历史文化遗产，另一方面通过阅读传播地域文化。定位准确，运作豁然开朗，这可称作兴办新型书院成功的秘诀。而问津书院的创办，实与知名报人王振良关系极大。

王振良，吉林省公主岭市人，南开大学中文系硕士，高级编辑。他毕业后就职于今晚报社，相继担任要闻版记者和编辑，2013 年出任副刊部主任，是一位资深媒体人。他热衷于研究天津地域文化，对小洋楼人文历史的挖掘尤见功力。他收藏各类古今图书三万余册。2006 年 6 月，一家关于文化遗产保护的网站（中国记忆网）在北京注册，王振良与一群天津历史文化的爱好者，包括新闻记者、职业经理人、机关干部、企业员工、在校学生和退休工人等数十人，在这家网站的论坛不期而遇。他们志同道合，都想为弘扬津沽文化做点事。他们通过对老照片的收集，挖掘出很多过去鲜为人知的关于天津的史实，掀起一股城市历史文化研究、城市记忆挖掘的热潮。紧接着，一个叫"天津市建筑遗产保护志愿者团队"的松散民间志愿者群体应运而生。王振良是这个群体的重要发起人之一。该群体以"保护文化遗产,留住城市记忆"为宣传口号。2008 年 10 月,王振良、张元卿、穆森等人出资,以天津市建筑遗产保护志愿者团队的名义,编辑创办了一个叫《天津记忆》的小册子,为探索、挖掘、研究、整理城市文化历史,提供了一块十分干净的学术交流领地。小册子具有高度的地域文化学术探讨精神,侧重历史文献整理、民间记忆和通俗文学研究三大方面,以浓郁的地方风格呈现在津门父老面前,也使文史学者们眼前一亮。小册子的编辑费金钱、耗时间、损精力,这些都源自志愿者的无私奉献。《天津记忆》就像一面旗帜,推动"保护文化遗产,留住城市记忆"活动深入开展,交流心得,凝聚人气,如滚雪球一般,使同仁队伍迅速扩大,这里面的民间学人,后来都成为问津书院的基本骨干力量。

2008 年 12 月,天津市建筑遗产保护志愿者团队尝试着主动出击,向社会发出自己的声音。他们与《今晚经济周报》进行了有益合作,共同编辑出版《天津记忆》周刊,历时一年,出版整好 50 期。这是天津民间文化遗产保护群体第一次尝试与媒体合作,在"保护文化遗产,留住城市记忆"的实践中产生了较大影响,国内多家新闻媒体纷纷报道天津市建筑遗产保护志愿者团队的活动,志愿者团队还获得了"首届薪火相传——2008 年度中国文化遗产保护年度杰出贡献奖"。在创建民间志愿者团队的实践中,王振良等人在学术研究方面开始尝试与学院派融合,组织了近 20 场各种层次的学术会和纪念会。其中影响较大的有:为津门重要学人李世愉、来新夏两位先生举办学术研讨会,参与筹划主办纪念中华武士会成立百年活动,出版《中华武士会百年纪念集》。尽管当时经费紧张,但每次会议至少编辑一册文集。王振良后来回忆说,要"拿出点实物来证明,供参与者忆念,给专业者批判"。凭借着这份执著与热情、奉献与努力,他们不仅得到天津史学大家来新夏等学者的力挺与支持,也获得了民间草根学者的信赖。《天津记忆》印行超过 120 期,历史信息容量极大。通过实践与探索,王振良也收获颇丰。概括起来,一是了解到民间学者的愿望与需求,搭建交流平台,团结各方人士,初步建成了与民间学者稳定联系的人脉网络; 二是通过办会极大地加强了与有关文化机构、大专院校、科研团体专家教授的联系,逐渐成为民间学者与学院派专家教授沟通的桥梁;三是在与《今晚经济周报》合作中,体会到纸质传媒宣传的优越性与穿透力;四是积累下各方面的丰富经验,形成一笔无形的宝贵财富,其中奉献与志愿精神成为不可动摇的信仰。王振良勤于探索,人望大增;眼界开阔,羽翼丰满;久经历练,思维超前。他已经不满足于现状了!

就在这时,一个机遇出现了。2012 年 8 月,河北区在全市率先开展城市书吧建设试点,巷肆创意产业园希望将每年赞助社会事业的款项集中起来,办一件对市民来说摸得着、看得见的文化实事。巷肆创意产业园内汇聚了多家高水平的创意设计团队,河北区的历史街区改造和市容环境提升项目,不少都出自这些团队的手笔。深具文化情怀的李云飞总经理,从企业自身战略发展的角度考虑,希望园区也能拥有一家书吧,并将其打造为公众文化品牌。时任区政协委员的王振良,长期在河北区从事文史研究和田野调查,与李云飞先生早就相识。他抓住政府号召举办书吧的契机,提出创办问津书院的大胆构想。王振良的构想与李云飞的理念十分吻合,经过两次简单的讨论,筹备工作就顺利展开。这时,王振良积累的各种经验无疑是发挥了不可或缺的作用。

我没有专门调研或询问振良,但从问津书院由企业家投资、媒体人独立运作、纸媒宣传推广的运作模式上大体可以看出,问津书院内部有着如下分工:由巷肆创意产业园出资、提供场地等,由王振良负责谋划与实际运作,并力邀《渤海早报》(后来改为《每日新报》)加盟。这种简捷高效的治理结构,省去许多繁文缛节,使书院运作驶入快车道。王振良邀请来新夏先生题写匾额,在河北区四马路巷肆创意产业园打出“问津书院”的招牌。2013 年 1 月,王振良邀请著名历史学家罗澍伟首开问津讲坛。6 月,邀请著名文化学者冯骥才为问津书院正式揭牌。至此,这家在民政部门注册的文化实体正式亮相。

虽然有冯骥才先生揭牌助阵,但在一般人的眼里,仍认为这不过是当时活跃的众多讲堂中的一个而已,前途如何很是难说,多数人并不在意与看好这家书院。然而,匆匆五年过去,问津书院不但没有像其他讲坛那样匆如过客,反而逐渐摸索出自我成长的新路,开创了一种崭新的运营模式,生机勃勃,蒸蒸日上。这其中的奥妙何在,也引来国内众多学人前往探访。

问津书院与近代书院之比较

中国是一个崇尚传统文化与历史研究、重视思想教育与精神传承的国度,晋唐以来就出现了以白鹿洞书院(前身是庐山国学)、岳麓书院、嵩阳书院、应天书院为代表的四大书院,他们不管是民间还是官府举办,都是教育机构。津门的问津书院与崇化学会亦属同类性质。而新成立的问津书院与之相比,却有了本质上的区别,它不再是教育机构,而是华丽转身为民间学术实体。书院延续旧称“问津”,则是一种文化创新和文化自信,一种新形势下与时俱进的尚文精神的继承,表达了对津沽历史文脉的敬仰与向往,是当代津沽文史学界高擎着的历史图腾符号。

我们知道,近代以来西学东渐势头强劲,一批以普及西学为己任的书院,如雨后春笋般蓬勃兴起,比如广东的广雅书院、湖南的两湖书院、浙江的求是书院、西安的格致西学书院等,其中以上海的格致书院最为典型。格致书院选址在上海北门外西北隅八仙桥北的英租界内(今黄浦区广西北路66号),光绪二年(1876)落成。它集教学、图书馆、出版、博物于一身,其功能可概括为三项:一是立格致房,内讲教各种格物之学;二是立书房,内备各种由中外官绅仕商捐助与出资外购相结合的书籍,出版《格物汇编》;三是立博物房,其内安置各种机器、器具与造成之货物,便于华人观阅。这是历史进步中的新教育机构。

我们不妨以此为参照,试析格致书院与问津书院的异同。你会发现从某些方面看,问津书院更具近代书院的基本特征,在继承近代书院建设方面迈出超过前人的一步,可为各地有心尝试建设书院者提供可资借鉴之处。

一、聚众讲学是书院的基本特征,问津书院经常性的活动就是聚众讲学

格致书院招收生徒,入院学习西国语言文字、算学、化学、矿学、机器之学,生徒每年纳学费40元,另交押金300元(业满返还),学期三年。学员"均须自备资斧,惟院中亦不取脩金",透露出公益性质的曙光。除延请名师教学外,春秋还请南北洋大臣举办特课,开堂讲学。[①]问津书院的问津讲坛从自身定位出发,承袭聚众讲学传统,借鉴当下流行的讲坛经验,屏弃招收生徒的做法,以纯粹的公益性讲学取而代之,形成焕然一新的局面。书院每年开讲10次,每月尾(星期六)准时

①高时良、黄仁贤编:《中国近代教育史资料汇编·洋务运动时期教育》,上海教育出版社,1992年,第728、744页。

开课，实行听众自愿原则，人数一般在30人至50人之间，讲授时间为两个小时。春节与腊月，是讲坛的休整时间。

讲师来源的构成有三个方面：一是民间著名的文史研究者和专家（称草根学者）；二是天津各大专院校的教师（称学院派）；三是文史馆、社科院、博物馆、档案馆等机构的知名专家。五年来走上讲坛的有罗澍伟、章用秀、甄光俊、葛培林、尹树鹏、刘运峰、张绍祖、来新夏、黄殿祺、郭凤岐、陈克、井振武、李志刚、薄克礼、王杰、高惠军、叶修成、杨传庆、张培锋、仇润喜、侯福志、任云兰、孙爱霞、薛长刚、张利民、王静、任吉东、倪斯霆、王勇则、王振良等著名学者，主讲阵容可谓强大，涵盖领域可谓广泛。凡登坛开讲者，只象征性地付车马费500元。所聘专家迄今没有重复。

在遴选选题上，采用学术探讨与专题介绍相结合的方法。

学术探讨，均以天津历史文化研究为中心，涉猎十分广泛。比如，天津建卫开埠城市史、沽上佛教五名僧、皇会与妈祖文化信仰、查为仁科考弊案、水西庄与大观园、邮政发祥与大龙邮票、军乐登陆与文化融合、首批官学生舞台在天津、袁世凯与小站练兵、盛宣怀创办北洋大学、须社遗老郭则沄、话剧发祥自津门、徐世昌与京津画派、袁寒云票友人生、孙中山与孙洪伊、解放区走出文学巨匠孙犁、阎道生剑画双绝、孔祥熙后裔津门寻亲、张相文与中国地学会、天津外侨俱乐部、严修与城南诗社、天津商会、北洋大学的学生社团、天津律师公会、近代天津粪夫组织、天津地下记者协会、李世珍与备济社等，既着眼津沽历史文化的介绍，又关注最新科研成果的传播推广。

专题介绍，紧贴天津特有的历史现象予以安排。比如，针对行政区划管辖的变更，特设郊县文化专题，聘请郊县地方史专家学者宋健、杨振关、杨光祥、王敬模、高殿清、刘国华、丁连举、王洪海、李学韩、许新复等，讲授王瑛与宝坻王氏家族、杜建时与武清杜氏家族、宜兴埠温氏家族、静海励氏家族、宁河杜氏家族、咸水沽周氏家族、蓟县窦氏家族、杨柳青安氏家族、北塘高氏家族、赤土魏氏家族等，促进城市文化与郊县文化的认知与融合。又如，针对半殖民地半封建的旧天津有过九国租界的历史现象，特设租界专题，聘请尚克强、万鲁建、刘海岩、曲振明、张翔、王勇则、周醉天、周利成、联科研、徐凤文等知名学者，讲授九国租界与天津城市发展、天津日租界的社会生活、英租界从郊外社区到新城市中心、俄租界旧事、法租界的历史建筑、意租界的前世今生、奥租借的烟云过去、德租界及德国人、美租界和美侨、比租界的历史演变等，普及城市历史文化知识的意图十分明显。

自 2014 年起，问津讲坛由文化学者周醉天主持。周醉天对授课方法进行大胆改革，充分利用多媒体手段，通过制作主讲人小纪录片、穿插画面课件、设置互动环节等，使讲坛更加活泼生动，更加贴近听众，也更加具有吸引力。讲授结束之后，主讲人与学者（一般是 10 位左右）还在四楼止月轩雅集开展问津读书沙龙，彼此进行更深入的交流。

与此同时，《渤海早报》（后为《每日新报》）记者提前专访主讲人，配合讲坛在报纸上用整版篇幅及时推介主讲人的科研情况和讲授内容，迅速进行历史文化知识普及与社会宣传，影响之大是其他讲坛所无法比拟的，这也成为问津讲坛的一大特色。同时，讲授还会全程录像，只要你喜欢听或看，部分内容可随时登录"问津书院"公众号回放。

每到年底，书院还要将本年度讲坛的讲演稿、报刊的介绍文章予以汇编，取名为《三津谭往》,出版正式图书一册。

二、为深思好学者搭建交流平台,印行院刊四种

格致书院“招集深思好学之人,随会学习,讲求参考,以冀将来艺学振兴,预备人才施诸实用”。①在培养预备人才方面,问津书院不遗余力,它承袭《天津记忆》小册子的传统作法,采用创办院刊的形式,编辑《开卷》《问津》《参差》《品报》四种内部交流资料。这些资料广泛征集挖掘城市历史文化遗产,发表学者的研究成果与读书心得。这些资料各有分工,侧重点明确,纸质刊物兼顾文史,网刊突出通俗文学,使《天津记忆》开拓的领域更加有序,为深思好学者提供了交流的平台。凡纸质印刷物,数量一般为1000本,并不定期邮寄给专家学者,网刊则定期传送。这种类似函授的方式,培育深思好学者的意图显著。

1.《开卷》,2000年创办,为32开小白本,每月一期,每期32页。2014年起与问津书院合作,面向全国征稿,主要内容包括文坛掌故、新书介绍、读书心得、书评或序跋、老专家近况、各地民间学术活动动态等,是一本与各地学者横向交流的动态性刊物。可谓一册在手,秀才不出门,全知文坛事。

2.《问津》,48开小方本,是小巧的黄皮书,主要以挖掘整理民间蕴藏的地方史料为主,容量根据内容而定,薄厚不一,每月印行一册。从内容上可分为四类:一是挖掘出的地方流传的口碑史料,如《津门小令》《街坊人物志》《天津吆喝》《日知录》《水西庄人物》《崇化杂忆》《耕堂忆趣》《天津土语拾零》等;二是文史类史料文献,如《莲品诗钞》《剑庐诗存》《玉堂曲艺集》《一沤阁诗存》《待起楼诗稿》《藤荫

①高时良、黄仁贤编:《中国近代教育史资料汇编·洋务运动时期教育》,上海教育出版社,1992年,第727页。

馀话》《天津典当业》等；三是纪念性文集，如《邵冠祥集》《华粹深纪念集》《忆弢盦》等；四是研究成果，如《原住民口中的西沽》《沽水旧闻录》《阿英在天津》等。由于《问津》院刊史料性和专业性很强，不少是稀见本复制，故津门学者都乐于收藏检用，成为其治学的重要参考书。

3.《参差》创办于2015年5月，每期页数不固定，专门普及毛边书文化。另有网刊《品报》，一年四期，以通俗文学作家作品评论、收藏为主，对象多为研究通俗文学的学者和爱好者，业内影响力巨大。以其内容整合编印的《品报学丛》，已公开出版了三辑。《品报》2016年10月停刊，可谓是通俗文学领域的一大损失。

《开卷》《问津》《参差》《品报》都免费发放给问津书院同仁群的学者们，人数大约有50人，也向国内有关单位或知名学者赠送，此外还分别发给各自的小众读者。就影响力而言，纸质版实实在在，网络版更便捷迅速。

三、创办雅雨堂与双槐书屋，出版"问津书库"刊布学术成果

"立书房"是格致书院的又一项任务，"藏书处备译成之西书，并中华之各种经史子集"。[①]在这个问题上，问津书院亦不甘落后于人。雅雨堂(即天津文献中心)以收藏天津历史文献、名家著作为主，其藏书是天津各界人士踊跃捐助的。王振良倡导捐书，自己带头捐文史图书2000余册。各方人士热烈响应，天津政协文史委、天津档案馆、天津博物馆、南开区政协等单位相继捐赠图书。冯骥才、来新夏、章用秀等文化学者亦捐赠了个人著作。日本学者、意大利学者亦有捐赠。雅雨堂特色收藏有100分钟老天津纪录片、日本学者捐赠的数千张天津老照片、天津

①高时良、黄仁贤编:《中国近代教育史资料汇编·洋务运动时期教育》，上海教育出版社，1992年，第738页。

知青史料 200 册件。雅雨堂占地 130 平方米,目前拥有各类图书资料近5000 册,其作为公益服务平台已经对学者们开放。

双槐书屋(即巷肆书吧)成立于 2012 年 10 月,它是由巷肆创意产业园出资创设的,架上图书政府配套与自行购买各占一半。书屋占地100 平方米,藏书分为文化、政治、科技、生活、少儿、其他六大板块,总量逾万册,提供给公众阅读。2015 年在市文明办等单位推出的"我心中最美的独立书店"评选中特别入围(书吧当时并不卖书)。依靠各种社会力量办雅雨堂和双槐书屋,问津书院与格致书院所走过的道路如出一辙。

格致书院出版《格物汇编》介绍西学文化知识,"书房内存售各种译成华文之格致书",还在各地设立书店,销售书院出版的图书。而问津书院则与天津古籍出版社等图书出版单位合作,公开出版面向全市文史同仁的、不拘题材的、对城市文化研究有学术价值的系列丛书,并为此成立了编委会,主编王振良,编委由董宁文、李云飞、沈文冲、万鲁建、王勇则、王振良、阎伯群、杨传庆、张元卿等组成。每种书的印刷量一般为 1000 册,没有稿费,送作者图书 100 册代酬。

问津文库已出八大类六十余种图书。分别是:

1. 天津记忆,包括口述津沽、纪念文集、个人研究著作、人物传记等。如刘景周著《沽帆远影》,介绍津南李鸿章淮军屯田、袁世凯小站练兵及遗迹;王振良著《荏苒芳华:洋楼背后的故事》,考释小洋楼背后的人文信息;林学奇著《南市沧桑》,介绍老三不管的变迁;张绍祖编著《水产教育家张元第》,评介其教育思想及一生活动。

2. 通俗文学研究集刊,如张元卿、顾臻编《品报学丛》,倪斯霆著《还珠楼主前传》。

3. 三津谭往，属问津讲坛讲演稿，每年一本。

4. 九河寻真，属问津年会论文集，每年一本。

5. 津沽文化研究集刊，如耿发起等编《〈雷雨〉八十年》。

6. 津沽名家诗文丛刊，如王瑛著、宋健整理《王南村集》，陈宝泉著、郑伟整理《退思斋诗文序》。

7. 津沽笔记史料丛刊，如周盛传著、刘景周整理《周武壮公遗书》，严修著、陈鑫整理《严修日记》，郭登浩编《天津县乡志辑略》，雷梦辰著、曹式哲整理《津门书肆记》。《津门书肆记》作者为古籍书店的老职工，他整理出建国初天津书店分布情况与藏书家小传，特别考证直隶书局创办始末，使该书成为研究图书版本与图书收藏的重要必备书。

8. 随艺生活，与天津历史文化研究的直接关系不大，但艺术气息和生活气息浓郁，如杜鱼编《问津书韵：第十三届全国读书年会文集》、李云飞编《方寸芸香：藏书票里的书故事》等。

以上这些图书，对研究者来说都很珍贵。在文化传播上，问津书院与格致书院有同工异曲之妙。另外，问津文库作者每年正月初五都会受邀参加签书会，为节日增添书香。因为时间固定，受到文库粉丝的追捧，几成沽上新民俗。

四、加强学术交流，不定期举办学术会议与定期举办年会

格致书院立博物房，“内置各种机器与器具，与造成之货物，便于华人观阅”。[①]然而时代不同了，这种博物已经成为人们的常识，在各种专业博物馆比比皆是的

①高时良，黄仁贤编：《中国近代教育史资料汇编·洋务运动时期教育》，上海教育出版社，1992 年，第 737 页。

今天，再食古不化就必然会被耻笑。问津书院从民间学术实体的本质出发，彻底屏弃建立“博物房”作法，取而代之的是举办学术研讨会和学术年会，突出学术的力量，表现出一种与时俱进、大胆创新的文化自信与气魄。

问津学术会议每年一次，例以天津历史人物为主题，时间一般安排在下半年，提前公布征文启事征集文稿，要求以文入会。会期一天，半天研讨，半天参观有关遗址遗迹，体现了文献与田野并重的特点。参会人员规模，大致为25人至35人，每次均有所研讨人物的后裔到场或支持。2013年10月举办卢靖卢弼学术讨论会，收到论文33篇，《问津》院刊编有论文集《慎始基斋琐谈》《卢木斋文存》；2014年11月举办纪念华世奎150周年学术讨论会，收到论文28篇，《问津》月刊编有论文集《思闇学行录》；2015年12月举办章钰学术讨论会，20余人出席会议并提交论文；2016年12月，举办金钺学术讨论会，23人参加会议并提交论文。这些研讨活动，对推动地方著名历史人物研究发挥了积极作用。

问津书院更关注当下活跃在津门的著名学者的学术活动。章用秀先生是本市著名文史专家，在中国传统文化、天津地方历史、李叔同研究、收藏鉴赏、书画创作与艺术审美等方面造诣颇深，先后出版各类专著九十余部，总计两千多万字。2013年7月，问津书院配合河北区文学艺术联合会举办章用秀学术研讨会暨图书捐赠仪式，收到论文31篇，后来结集以《天津记忆》第127期专号发刊。又汉沽学者李瑞林，插过队，当过兵，下过岗，生活十分清苦。他自学成才，发奋研究，长期整理中华武士会史料，在业界颇有建树，是一位民间学者。2016年7月，天津市问津书院与汉沽文化馆联合举办“李瑞林与汉沽文化学术讨论会”，多位知名学者出席研讨会。

在京津冀协同发展的大背景下，问津书院还把视角瞄准京津冀文化融合课题。2015 年 7 月，问津书院与中华书局合作举办彭秀良撰写的北洋人物传记《段祺瑞传》《冯国璋传》首发式，有关学者及“北洋三杰”后人出席活动。2017 年 4 月，问津书院又举办了京津冀历史文化讨论会暨《幽燕六百年》出版座谈会，三地学者 30 余人参会座谈。另外，作为第二届天津国际设计周活动的一部分，2015 年 5 月，问津书院承办了第十三届全国读书年会暨藏书票艺术论坛。

问津学术年会，安排在每年年底举行。2013 年 12 月 29 日，第一届问津学术年会举办，参会人员 60 余人，采用大会交流方式，交流文章 49 篇，以民间学者提交的文章为主。2014 年 12 月 27 日，第二届问津学术年会举办，参会人员 70 余人。会议采取分组交流、大会汇报的形式（此后成为固定模式），收到论文 70 余篇。学院派文章涌现。2015 年 12 月 26 日，第三届问津学术年会举办，参会人员 70 余人，提交论文 74 篇，博士论文占 10 篇。2016 年 12 月 31 日，第四届问津学术年会举办，参加会议人员 76 人，提交论文 70 多篇。每届年会之后，例行编印《九河寻真》论文集一册。因会议文章多公开发表过，有研究年选的意义在，因此该论文集已成为津沽文史界品牌“刊物”。

问津书院的基本经验与启迪

习近平同志指出：“建立制度自信、理论自信、道路自信，还有文化自信。文化自信是基础。”“站立在 960 万平方公里的广袤土地上，吸吮着中华民族漫长奋斗积累的文化养分，拥有 13 亿中国人民聚合的磅礴之力，我们走自己的路，具有无比广阔的舞台,具有无比深厚的历史底蕴,具有无比强大的前进定力。中国人民应该有这个信心,每一个中国人都应该有这个信心。”“中华文化渗透到中国人的骨髓里,是文化的DNA。”①在迎接制度自信、理论自信、道路自信、文化自信的新时代,问津书院应运而生,以传承优秀城市文化为已任,成为建立文化自信的典型范例。

综前所述,巷肆创意产业园从长远战略发展考量,与知名媒体人王振良联手,发挥各自优势,为共同打造“问津”品牌,提供了硬件条件及软件条件。李云飞、王振良等继承近代书院的优良传统,根据自身的文化定位,创造性地办起以传播地域文化为核心的民间学术实体。问津书院设有理事会,王振良任理事长,负责日常运作。问津书院经过五年发展,成为一个经费有保障、讲座有场地、宣传有窗口、出版有丛书、建设有规划、研究有遵循的公益服务平台,令文史学界耳目一新。在具体实践中,他们不断探索,逐渐完善,形成一套行之有效的运行模式,这种模式概括起来可以称为:四轮驱动,环环紧扣,相互砥砺,滚滚向前。

首先,聚众讲学是驱动的第一个轮子。问津书院继承了聚众讲学的文化传统,聘请学有专长的专家教授,通过学术探讨与专题介绍相结合的方法,开展公益性的讲学,解析津沽文化,传承历史文脉,累计有50多位专家学者登台讲授,在学术上呈现出异彩纷呈的局面。书院利用《渤海早报》《每日新报》等纸质媒体的发行优势与官方网站便捷的传播功能,将问津讲坛内容迅速辐射全国,使每期都会有多家网站转载,造就了问津讲坛在天津难以超越的社会影响力。另外,聘请郊县地方文史学者专家介绍各自地方史,不但加强了城乡之间学者的彼此了

①赵明:《习近平强化中华民族精神标识坚定文化自信》,中国青年网,2016年7月7日。

解，也促进了地域文化的认同与融合，强有力地推动了天津城市文化的协调发展。与此同时，通过媒体记者以新闻产品形式把主讲人及其讲演内容推向社会，使其知名度陡增，社会宣传效果显著。因此，很多学人均以在问津书院讲学为荣，乐而往之。所聘专家学者通过讲坛逐渐融入，使书院同仁队伍滚雪球般不断壮大。问津书院的知名度与生命力，在聚众讲学中与日俱增。

其次，问津书院编印《开卷》《问津》《参差》《品报》四种院刊，为深思好学者提供珍贵文献、精神食粮及交流平台，成为驱动的第二个轮子。因为是内部刊物，其在着力培养深思好学者及发现新人、蓄积力量、储备人才方面，发挥了重要作用。有这样一个梯度平台，深思好学者就会不断提出新的研究课题，经过培育发展就会早出成绩，源源不断地为问津文库提供研究成果。实践证明：培养新锐是问津书院成功的重要经验之一，值得高度关注。建议在挖掘整理天津地方史资料、培养读书与藏书兴趣、研究通俗文学的同时，有选择地介绍一些国际国内出现的史学新思潮、新方法以及相关研究成果，供大家观摩、交流、互鉴，以便开阔眼界，使研究更具专业性和理论性。

第三，创办双槐书屋、雅雨堂以及问津书院网站，出版系列丛书，定期公布学术成果是驱动的第三个轮子。一方面借鉴格致书院的做法，倡导社会各界及学者专家捐赠图书，为专业学者和普通读者提供心灵家园；另一方面，针对文史学者多有研究成果而无出版门路的窘境，问津书院与出版社合作出版问津书库，既满足了学者的出版需求，又弘扬了地域文化，可谓一举多得。问津文库编委会，对出版著作采取推荐与自荐相结合的方法，只要编委会通过即可。这样双方积极性都得到充分发挥，出版社与作者两相受益，问津书库的出版发行，为地域文化研究注入了强大的动力。

第四,举办问津学术会议与问津学术年会,是驱动的第四个轮子。进行文化学术交流最能体现民间学术实体的特色。问津书院吸收当下创办学会的经验,并移植到兴办书院的运作中,互鉴创新,构建起学术交流平台,此为历代书院所不及。问津学术会议的深入研究与问津学术年会的博采众长,构成问津书院学术领域的壮丽音符,参与者越来越多,影响力越来越大,奏响了津沽历史文化博大精深的美妙乐章。问津书院虽然注册有实体,但所团结的问津学人却是松散的学术共同体,没有会员章程,就是以文会友,每年年会的门槛,就是提交一篇当年发表的学术文章。从实际运作情况分析,问津书院的同仁大抵有三个圈:一是市区和郊县的民间学者群,约 50 人,是书院核心圈;二是大专院校的教师或博士群,约 25 人,是紧密骨干圈;三是社科院、文史馆、博物馆、档案局、政协文史委等机构的知名专家学者群,约 15 人,关键时会站台助威。针对上述群体分布的情况,学术会议与学术年会任务不同,两者各有侧重。为了方便人员参会,会议多选在公休日举办。问津同仁文化背景虽异,但均学有专长,虽然有的在职,有的退休,但开展学术活动,都能够踊跃参加。组织问津学术会议的专题研讨,突出的是点的深入挖掘,通过研究津门历史人物,弘扬当下贤者的治学精神;探讨京津冀文化相融,用研究课题凝聚书院同仁,推动学术研究蓬勃开展。举办年会更注重面上的人心凝聚,以及不同学术领域的精华成果交流与汇集。会议期间,津门文史界重量级人物万新平、张利民、郭凤岐、陈雍、方兆麟、甄光俊、陈克、任云兰、姜维群、吴裕成等悉数到场,每位同仁都把一年来最有水平的满意之作提交给大会。学人相聚相识,学术交流互鉴,学研相长,不但打破了文人相轻的陋习,而且加强了学人之间的相互了解与团结，使许多人成为学术合作研究的新伙伴。年会编辑的《九河寻真》论文集，由天津社会科学院出版社负责出版，代表了一个年度津门文史界学术同仁研究的成果，其使用价值与收藏价值可见一斑。

在“四轮驱动，环环紧扣，相互砥砺，滚滚向前”的整体运行模式中，问津书院的自愿性、志愿性与公益性原则是其充满活力的三大重要支撑。自愿性原则指无论是听问津书院的讲座还是参加研讨或年会，都是自愿的，有事可以不来，无事下次参加，没有任何清规戒律。例如：提前对外公布研讨会课题和征文启事，津门文史界同仁或外地学者只要提供相关稿件，经筹委会认可就能参会。志愿性原则指问津书院除创意园的少数工作人员外都是志愿者，如理事长王振良、讲坛主持人周醉天、问津丛书编委会成员、年会小组负责人等，他们不拿一分报酬，义务地为大家服务，为问津书院的发展作奉献。公益性原则指问津书院继承近代格致书院的公益性传统，开创了一个汇聚文史专家学者的以文会友、雅集切磋的公益性学术服务平台，其创办的双槐书屋和雅雨堂无偿为社会大众服务，其出版的《问津文库》系列丛书，更是公益性的学术品牌。实行自愿性、志愿性与公益性原则，是问津书院成功的重要秘诀。

面对改革开放前所未有之大变局，天津问津书院破土而生，在漫长的五年运作摸索过程中，继承近代书院的优良传统，吸收当下学术活动的成功经验，与时俱进、大胆创新，勇于实践，不断完善，终于趟出了一条适应时代发展需求、操作性极强的新路径。四轮驱动，松而不散；学术研究，宽而有序。问津书院的成功运作，为华夏大地民间创办书院提供了一套完整的可资借鉴的模式。

2017年6月28日初稿，2017年9月4日改定

入世且传文道心

——"问津现象"初探

孙爱霞

2013 年天津市问津书院成立，其地点位于河北区四马路的巷肆创意产业园，其名称系恢复乾隆朝天津之问津书院，匾额题字出自已故历史学家来新夏先生之手，成立日之揭牌者系文化学者冯骥才先生，而主者则为《今晚报》之王振良先生。书院今已成立五载，身后一直站立着一位具有人文情怀与艺术素养的企业家支持者，也站立着一群来自民间的学人以及来自各大专业院校的文史研究者。

自成立之日起，问津书院便掀起津城地域文化研究的热潮，带来学术研究的新气象：五年来，天津诸多民间文史学者与学院派专家以问津书院为中心，共同参与完成很多问津书院举行的文化推广活动，诸如问津讲坛、学术年会、学术研讨会、问津沙龙等等，也相继把各自有关天津的著述置于"问津文库"系列当中，并由问津书院资助出版发行。综观近五年来的活动与成果，问津书院团结了来自京津冀，乃至浙江、江苏、河北、上海、北京等地的文史学者，融合了传媒、高校、研究院、政协、文联、出版社、图书馆、档案馆、博物馆等多个行业与专业的优势，走出了一条推广普及与学术研究并重、民间与学院两结合的文化传播与传承之路。笔者把这种以问津书院为依托所展开的一系列文化推广活动，以及由此而衍生出地域文学与文化研究的新动态，称之为“问津现象”。

历史上任何一种文学与文化现象的出现与产生，都不是突发的，而有其长期酝酿发酵的过程，“问津现象”亦是如此。

《天津记忆》“小白本”时期

在今日问津书院出现之前，天津已经出现了一些以找寻天津记忆、保护文化遗产为目的的个人与团队，也催生出一些研究成果。比较有名的团队是天津市建筑遗产保护志愿者团队，其于津门文史界影响最大的，是王振良、张元卿等人创办、主编的民间刊物——《天津记忆》，因其为三十二开，且封面为白色，故被津市文史学者戏称为“小白本”。

一、《天津记忆》的创办历程

《天津记忆》“小白本”创刊于2008年10月15日，最初由《今晚报》副刊部王振良先生提出创办，天津社科院文学所张元卿先生与之戮力同心，共同采访、约稿、编辑。至于发行，由于是民刊，无刊号，无官方背景，亦无资金支持，于是王振良与张元卿等人自筹经费印刷，并向各地邮寄。据王振良《生命不能承受之重——〈天津记忆〉百期随感》一文：“在第65期以前，穆森兄还一直分担部分印刷费用。”可知《天津记忆》自发行伊始至第65期时，天津建筑遗产保护志愿者团队的穆森先生都承担了一部分印刷费，而之后“由于保护理念与处事方法的巨大差异”，《天津记忆》团队便与穆森团队脱离开来，继续行走在“兼采众家之长”编辑民刊的路上。

关于《天津记忆》的创办及与发展历程，王振良先生在《我的“天津记忆”》一文中也有所说明：“2008 年 8 月，步入社会整整十年之后，我终编出一份民刊——《天津记忆》（网友戏称其“小白本”）。当然是自己掏腰包的，幸好还有元卿兄和老穆，愿意与我一起分担。至于刊物之主办者，则署当时的天津市建筑遗产保护志愿者团队。这样印到第 83 期，由于某些不足为外人道的因素，我们一干朋友都从那个团队退出，另组天津记忆文化遗产保护志愿者团队。而几乎与此同时，元卿兄赴宁求学，于是自此开始，除非专辑作者主动应承，费用就都由我个人出了。这样坚持至 2014 年 2 月，到印完第 128 期时，问津书院事务日繁，我已无力兼顾《天津记忆》编务，就交给了团队的张翔先生。”①

由以上资料来看，《天津记忆》自王振良先生不再经手之后，“小白本”“两年多来只印行过两期”，加之“问津文库”的出现，《天津记忆》“小白本”的影响已经弱了很多。

二、《天津记忆》的内容与功能

1.《天津记忆》的内容

《天津记忆》内容丰富，所涉领域比较广泛，文体亦灵活多样，称得上是一部关于天津历史文化研究的小丛书。具言之：

---

①王振良著：《记忆的碎片：津沽文化研究的杂述与琐思》，天津古籍出版社，2016 年第 258—259 页。

《天津记忆》既有针对某一位前辈乡贤的文化专集，也有针对某一文化主题的专集，更有综合性文章的汇编。据天津崇化学会成员李炳德老先生所言："《天津记忆》为很多天津的乡贤老辈、当代学者编辑了纪念专号或纪念集，彰显了津门的悠久历史，老辈的丰功伟绩，学者的丰硕成果……"[①]如严修、李琴湘、王仁安、王君直、郭霭春、寇梦碧、陈机峰、张牧石、周汝昌、李世瑜、刘髯公、张守谦、阎道生等等。这些专人专号，使得天津历史上的名人得以昭显，更有利于其传播。综观百余期《天津记忆》，关于某一文化现象的专题研讨，仅限于天津通俗小说，余则多为综合类。据李炳德老先生言："通俗小说描绘人生百态，浓缩人间的悲欢离合，这种作品最能打动人心，而天津又是通俗小说作家人才辈出的地方。《天津记忆》的编辑同志有鉴于此，于是以七期的篇幅集中探讨'天津通俗文学研究'问题，涉及刘云若、宫白羽、郑证因、还珠楼主、王度庐、朱贞木、何海鸣等人。"[②]这一主题的文稿约占7%。

《天津记忆》所收文稿最常见的多属于历史、文学、艺术等学科领域，但也有一些涉及文献学、地理、教育、地质、民俗、语言、国际交流、武术、社会学等。这些包罗万象的文稿，从不同的角度切入天津历史文化，又从不同的侧面映射出天津历史文化，昭示出天津历史文化多面体的特点，非常值得研究。

《天津记忆》文稿的文体也是各体兼备，诸如论说文、随笔散文、漫画、旧体诗词、联语等等，皆包蕴其中，这反映了"天津记忆"作者群来自不同的行业，具备不同的专业素养。他们被共同吸纳进"天津记忆"这个团队，为展现某一角度、某一

①②李炳德：《一个老读者的心声——为〈天津记忆〉百期而作》，《天津记忆》第100期，第43页。

层面、某一领域的“天津”而来。换言之，民刊《天津记忆》在 2008 年就开启了天津文史学界研究的新模式，即“专业与民间两结合”，这种模式一直延续至今，并吸纳越来越多的民间学者与学院派专家参与到这个团队中来。

2.《天津记忆》的文化功能

如果按照论文摘要的形式，为百余期《天津记忆》拟定几个关键词，那无疑是“记忆”“天津”“历史”“文化”。这几个关键词构成《天津记忆》的内容精髓，也在一定程度上彰显出《天津记忆》的文化功能。按照文化记忆的相关理论：“在后现代理论语境中，文化记忆的主要功能就是为身份‘定位’：一方面，通过保存代代相传的集体知识来确证文化的连续性，并以此重构后人的文化身份；另一方面，通过创造一个共享的过去，再次确证拥有集体身份的社会成员，在时间和空间方面都向他们提供一种整体意识和历史意识。”[①]这种功能具体到《天津记忆》，可做如是解：

民刊《天津记忆》通过对天津历史文化的探讨、研究，历经披沙拣金、抽丝剥茧般的辛劳，彰显了历史上寂寂无闻的人、文、事、物，保证了天津历史与文脉的连续性，对于“天津是文化沙漠”的说法进行一种“拨乱反正式”的反思、批判、救赎、超越，从而使现在的天津人，乃至将来的天津人，都对“自我”有一种文化身份的归属感和认同感。

另外，《天津记忆》不仅仅是追寻记忆，也在重构着记忆：通过语言、文字、图画等媒介，构建了鲜活而丰满的“天津历史文化”。这是所有天津人能够共享的

①赵静蓉著:《文化记忆与身份认同》,生活·读书·新知三联书店,2015 年,第 3—4 页。

"记忆中的天津历史与文化",通过共享,其将获得一种整体意识、历史意识,最直接的效果就是对天津有文化认同与"自我"的身份认同。

综上所述,"记忆""追寻""重构""共享""身份认同"可视为《天津记忆》文化功能之关键词。

三、《天津记忆》出现的历史机缘

《天津记忆》"小白本"并非凭空出现,而是有其历史发展的必然性与偶然性。《天津记忆》出现的必然性在于其顺应时代潮流而出现,而其偶然性则体现在主编身上。具言之:

《天津记忆》是中国历史发展大势所趋之下城市化进程的必然产物。据张元卿《〈天津记忆〉与民间研究》一文:"20 世纪 90 年代后期,中国城市化进程的生猛远出人们之预期,其生猛过程的关键词是拆……破旧立新,不破不立,很难简单地说对错,但不管不顾地拆无疑是在毁灭文明的火种,而城市的老街区、老建筑和生活在其中的老居民就是那矗立的火种。二十年来,许多老街区一个个消失,许多老建筑不断地倒下,许多老居民从故园四散,那火种竟似死去。可是尽管街区建筑无法再现,那四散的居民及目睹四散的人们心中却火热起来,于是人们在城市的田野里寻找旧日的记忆,文明之火遂成记忆之火,在'拆'中心心相传。"①中国城市化的进程是历史发展的必然,在这个过程中,势必会有一些建筑、街区离人们远去。建筑与街区是人类活动的物质痕迹,承载的是生活于其中的个体与群体具体而实在的生活。伴随着城市化进程,当这些物质痕迹消逝后,人们便开

①张元卿:《〈天津记忆〉与民间研究》,《天津记忆》第 100 期,第 14 页。

始通过遗址、各类型文本，以及亲历人口述等等媒介进行追寻。具体到天津，亦是如此。而这个追寻的过程，于天津而言，就催生了《天津记忆》的产生，这是中国城市化进程的必然。《天津记忆》使人们的内心与消逝的客体于时间长河中建立起一种比较稳固的联系，形成一种集体记忆。

类似《天津记忆》这样以追寻记忆为目的的刊物或网站，是天津城市化进程中必然出现的产物，而由谁来完成则具有历史偶然性。《天津记忆》的历史偶然性就体现在两位编辑身上。

《天津记忆》有两位主要编辑，一位是《今晚报》高级编辑王振良，一位是原天津社科院文学所研究副研究员张元卿。此二人均系外地人，皆于津市求学、工作。然在津求学、工作的外地人何其多，从事专业研究的人员又何其多，可只此二人于天津文学与文化的研究上有反思、反省，这种反思、反省其实就是儒家知识分子"入世"的担当。张元卿在《记忆的碎片：津沽文化研究的杂述与琐思》序言中说："世人谈论天津，恒以'文化沙漠'视之，有人对此颇感不平，这就是我的朋友王振良。他首先觉得'文化沙漠'话虽偏颇，'我津学人，固亦难辞其咎'，进而呼吁天津学人应行动起来，重新对天津历史文化进行梳理与评估。可十年前，振良在天津还听不到什么回声。于是，他决定自己先行动起来，终于在2008年创办内部交流的民间学术资料《天津记忆》。"这段文字揭示了王振良创办《天津记忆》的原委，充分说明其对津沽文化研究的反省与担当。另外，这段文字也说明一个问题：十年前，天津文史学界对天津历史文化的研究尚无人具有主人翁的立场、意识，尚无人站在彰显、保存、传承津城文脉的角度去反思。有鉴于这种情况，王振良先生不得不起而行动。

天津历史文化研究之现实给了王振良先生使命感，而历史则给予其际遇，然而这个际遇又与张元卿先生有千丝万缕的联系。

张元卿先生是王振良先生的好友，观二人往还文字，知其二人为莫逆知交。王振良最初提出创办《天津记忆》，得到了张元卿的鼎力支持，二人遂一起为这份小册子，为彰显、保护、传承津沽文化的宏愿而努力。在《天津记忆》的编辑印刷过程中，张元卿与王振良一起承担了约稿、编辑、印刷的责任。据张翔《〈天津记忆〉百期随感》一文，张元卿为《天津记忆》付出了很多辛劳："每期《天津记忆》出炉，他和振良兄都要把沉重的书籍搬到顶楼的居所，还要分类堆放，分发邮寄给方方面面的读者。如今他身在南京读博，可还念念不忘《天津记忆》的工作。"[①]如若没有张元卿相助，王振良独自编辑《天津记忆》，或许出刊频率会大大降低吧。二人如何相识相知，未见于文字，故不能妄自揣摩。但相同的志趣爱好，相似的品性，终究是同道中人所能共事、成事的基础与前提。芸芸众生中，此二人相知相交于天津，本就是偶然的，亦是人生幸事。而此二人皆经过十余载津门生活沉淀之后，因对津沽文化研究现状有共同的认知而走到一起，皆有为民刊《天津记忆》努力的兴趣与愿力，则更是幸事中的幸事，偶然中的偶然。

总之，中国社会的发展使城市化进程成为不可阻挡的时代潮流，而此浪潮必然会催生类似《天津记忆》这样的存在，这是历史的必然。具体到天津，具体到《天津记忆》，由王振良与张元卿一起完成编辑工作，则又有着一种偶然性，而这种偶然性又恰到好处地促成了"小白本"的高频率出刊与广泛流播。私以为：此二人于

①张翔：《〈天津记忆〉百期随感》，《天津记忆》第100期，第90页。

《天津记忆》之发行所起到的作用不尽相同,或曰二人分工略有不同。据张元卿《〈天津记忆〉与民间研究》一文:《天津记忆》的编辑王振良是一位"四有"学人,即做事有愿力、办刊有思路、研究有卓识、处事有人缘,"《天津记忆》能有百期面貌,很大程度上是因为振良一手拉着民间研究者,一手拉着专业文史研究者,把愿力、思路、卓识都贯注到了人缘上,才开出百期的盛局……"①由此文可知,在《天津记忆》创办过程中,王振良以其"四有"学人的质素,成为外联、约稿、编辑的主要责任人,成为民间学者与学院专家联系纽带的交叉点。而张元卿的工作虽然也有约稿、编辑等项,但似乎张元卿更多承担为民间学派发言、为《天津记忆》所带来的天津历史文化研究新范式进行理论层面上的归纳总结、反思提升的责任,此或与其彼时尚属于学院派研究人员有关,其理论深度与高度均能给人启发。②

四、《天津记忆》的历史地位

众所周知,民国时期天津有很多报刊,如《益世报》《大公报》《北洋画报》等等,如今这些天津民国报刊已经成为研究民国历史、文学与文化的重要文献资料。其中有一些报刊既无官方背景,亦无资金支持,纯属个人之行为,如刘云若的《大报》,但却有很重要的文献史料学方面的意义与价值。因此,从某种程度而言,民刊重要性不次于有官方背景的刊物,其价值大小亦与是否有经费资助无丝毫关系。

今日之《天津记忆》亦如民国时期某些天津民刊,其所呈现给读者的是特点非常鲜明的研究成果:史料之博约并举、视角之多样与独特、多学科研究方法之

---

①张元卿:《〈天津记忆〉与民间研究》,《天津记忆》第100期,第14页。

②张元卿在《〈天津记忆〉与民间研究》一文中对民间学派、新范式等问题有集中而深入的论述。

融合等等，已经突破了传统意义上的文史研究。因此，百余本“小白本”如一部有关天津历史文化的小丛书，在今日之天津文学与文化发展史上占有不容忽视的地位。据王振良自述其创办《天津记忆》最初的宗旨是：“编一册内部资料在同仁中交流、互相切磋学习，仅此而已。”①而关于出刊频率，最初的构想也是季刊，而后来的发行事实却已接近旬刊的规模。②如此，从传播学的角度审视亦可知民刊“小白本”的受欢迎程度。

著名历史学大师来新夏先生如此盛赞“小白本”：“这份刊物虽只有32开五六十页的小册子，但它有自己的特色。它以记述天津的人、事、文、物为主要内容，尽量挖掘搜求津门的往事陈迹，举凡先贤时彦、风土人情、语言物产等等，无所不包。……自创刊以来就注重刊物的文献性。他们一面编刊，一面深入社会调查，发现许多行将淹没的重要人与事，大都有根有据，备陈始末，缀辑成文，信而可征，可以说为天津的地方文献开一大史源……他们还针对其中文献史料价值较高，数量较丰，在当时具有一定社会影响而至今渐被遗忘的人和事，组织专题讨论，邀请专业人士共同研究，及时发刊，如对北派通俗小说名家名著的研讨，曾引起海内外人士的关注，这在民间刊物中是不常见的。”③

自2008年至2013年，《天津记忆》走过四年多历程之后，天津历史文化研究新范式也经过了四年多的酝酿发酵期，终于等来其生发升华期，进入以“问津文献”为标志的“问津”时期。

---

①②王振良：《生命不能承受之重——〈天津记忆〉百期随感》，《天津记忆》第100期，第4页。

③来新夏：《〈天津记忆〉百期》，《天津记忆》第100期，第6页。

“问津文献”时期

经过四年多的时间，《天津记忆》“小白本”已经广为流传，其于天津历史文化研究方面所做出的贡献、带来的文史学界的新气象，以及研究范式的变化，都已经为民间、学院派所熟悉。但随着张元卿的迁居南京，王振良先生在天津少了一个得力的知交同道。但令人欣喜的是，这并未使王振良先生停下脚步，他始终保持初心，克服困难，坚持为天津历史文化的研究、为提升天津文化魅力而努力着，直到遇到愿意支持他文化事业的巷肆创意产业园主人——有着极高艺术素养与人文情怀的企业家李云飞先生，成立了“问津书院”，继而引发“问津现象”的出现，并产生了两部大型丛书：“问津文库”系列与《天津文献集成》，姑且合称其为“问津文献”。

一、“遇合”成就“问津”——“问津”出现之反思

反思当年“问津现象”之出现，可以概括为：“遇合”成就了“问津”，引发了“问津现象”。自古人世有各种因缘之遇合，诸如君臣、宾主、知己等，而古今诗文中亦充斥诸多之“遇”与“不遇”：屈子香草美人之叹，李白“众人皆欲杀”之才，杜甫“葵藿倾太阳”之志，李商隐“背面秋千下”之伤……令人不得不慨叹“人生得一知己，足矣”背后的遇合之难与天机难测！然此亦不过一种之遇合，即人与人之遇合。而欲成大事者，必先占天时，次得地利，再曰人和。天时、地利，乃人与时代、地理之遇合，而“人和”则为人与人之遇合，所谓“同声相应、同气相求”。人与人之遇合，已如斯之难，而况兼有天时、地利之和哉！然则难固难矣，却不可谓不有，“问津”

之出现正是如此。

1.“问津”之天时

2012年“问津”得以出现，其“天时”就是恰逢国家“十二五”规划纲要与天津市“十二五”规划纲要的实施阶段。国家与天津市对于文化发展的目标规划、政策支持是文化产业创新的动力，也为“问津”的出现提供了“顺风顺水”的时代背景。

《中华人民共和国国民经济和社会发展第十二个五年规划纲要》有云：“坚持社会主义先进文化前进方向，弘扬中华文化，建设和谐文化，发展文化事业和文化产业，满足人民群众不断增长的精神文化需求，充分发挥文化引导社会、教育人民、推动发展的功能，增强民族凝聚力和创造力。”而要达到这个目标，其中一个重要方面是要 “繁荣发展文化事业和文化产业”，“坚持一手抓公益性文化事业、一手抓经营性文化产业，始终把社会效益放在首位，实现经济效益和社会效益有机统一”。[①]

在国家鼓励文化事业发展，推进发展文化产业的战略布局之下，天津市也提出了“推动文化大发展大繁荣全面提升文化软实力”的目标。为了实现这个目标，《天津市“十二五”国民经济与社会发展规划纲要》在以下几个方面做了部署：

在“全面提升城市文明程度”上，“以社会主义核心价值体系建设为根本，切实加强理想信念教育和思想道德建设……全面实施市民素质提升行动计划，启动新市民教育工程、职工素质建设创新工程和农民素质培训工程。广泛开展科学知识普及和全民读书活动，深入推进学习型社会建设”。

①《中华人民共和国国民经济和社会发展第十二个五年规划纲要》。

在“构建公共文化服务体系”方面提出：“加快社区书屋、职工书屋、社区文化活动室和公共电子阅览室建设。推进文化共享工程进中小学校园。实施百万市民艺术共享工程、艺术普及种子工程。促进基本公共文化服务均等化。加强基层文化队伍建设，扶持和发展民间文化艺术。深入开展群众性文化活动。办好重大文化活动。”

在“加快发展文化产业”方面，“优化文化产业结构……按照山、海、城、乡‘四带多点’布局，统筹推进文化产业带、文化创意产业基地和示范园区建设……大力扶持民营文化企业发展。制定促进民营文化企业加快发展的政策措施。鼓励和引导社会资本进入文艺表演、影视制作、图书发行等政策许可的产业领域。培育发展有特色的中小型文化企业和民营龙头文化企业。放宽演出市场准入，大力发展民营演出团体和民营经纪机构”。

在“推动文化改革创新”方面，“搭建文化资源与金融资本对接平台，培育骨干文化企业和战略投资者，引导社会资金以多种方式投入文化公益事业，参与国有文化企业股份制改造”。在“繁荣精神文化产品创作生产”上，“发掘、保护和弘扬天津优秀传统文化……创新文化资源开发模式，培育发展知名文化品牌。开展文艺理论研究和文艺批评。加强对外宣传和文化交流”。

由以上国家与天津市的文化发展战略部署可知，2012 年“问津现象”的出现，既符合“大力扶持民营文化企业发展”的需要，也满足“发掘、保护和弘扬天津优秀传统文化”的需求，亦满足“加强基层文化队伍建设，扶持和发展民间文化艺术。深入开展群众性文化活动”的目标，也符合“全面实施市民素质提升行动计划”的要求，是故，“问津”的出现占据着天时。

2.“问津”之地利

所谓“地利”，古来一般指作战时占据有利的地形、地理位置，如孟子所言：“三里之城，七里之郭，环而攻之而不胜。夫环而攻之，必有得天时者矣，然而不胜者，是天时不如地利也。”此为“地利”一词之基本含义，而具体到“问津”现象的出现，“地利”则无关乎地形，而关乎活动空间，即巷肆创意产业园。

天津民间很多以传承文化遗产为旨归的团体，综观近十余年来，很多团体未能形成大的气候，有一个根本性的问题没有解决，即团队活动场所极不固定，包括“天津记忆”团队在内，也是如此。一般团队活动，多是书店一约，或餐馆一聚，虽不影响交流，但总归限制了发展。而今日之“问津”之所以能够做大做强，就在于其占据了地利，即巷肆产业园有自己独立的空间。有固定场所，始能定期举办学术论坛、讲座，亦能对群众开放，使群众走近“问津”，“问津”亦能融入津市的文化建设事业当中。

3.“问津”之人和

孟子有云：“天时不如地利，地利不如人和。”“人和”是“问津”现象出现的根本性条件。而“天津记忆”团队的核心成员王振良先生一手促成了“人和”的局面。

观“问津”之参与者，可以归纳为：既有学院派专家学者，又有民间文史研究者；既有企业家支持者，又有广大市民做群众基础；既有创作团队，又有科研力量；既有媒体平台，又有出版端口……如许多不同部门、不同行业的人们能够围绕在一起共同参与进“问津”中来，此足以说明“人和”条件之到位。

之所以能有“人和”之局面，源于王振良先生的人格魅力：其有担当传承之责任感，有为“天津是文化沙漠”的说法拨乱反正之宏愿，又兼容学院、民间之所长，

更有尊重不同而求同之雅量，故能成此“人和”之局面，此亦张元卿先生在《〈天津记忆〉与民间研究》一文中所说王振良先生乃“四有”学人，能够“一手拉着民间研究者，一手拉着专业文史研究者，把愿力、思路、卓识都贯注到了人缘上”。[①]

综上所述，以王振良先生为核心的“天津记忆”团队经过四年多的努力，终得与“天时”“地利”“人和”同时相遇，继而引发了“问津现象”的出现。

二、“问津文献”升华了“问津”

“问津文献”目前主要包括《问津文库》系列与《天津文献集成》系列，一部是研究整理类丛书，另一部为影印类文献集成。这两种大型丛书先后辉耀于问津书院，于天津历史文化研究、文献整理与流传方面做出了重大贡献，升华了“问津现象”，必将流传后世。

1.“问津文库”系列

问津书院经过筹备，最先开始的是2013年1月启动的“问津讲坛”活动。“问津讲坛”系文史学者向市民宣讲天津历史文化的学术活动，主讲人可以是本地学者，亦可是外地学者，其特点是以浅显易懂的方式呈现城市历史文化，非常有利于在民众间传播。而对于记忆、传承而言，文字才是穿越时空之“宝器”，因此“问津讲坛”的内容最终也都纳入“问津文库”出版，属于“问津文库”中的“三津谭往”系列。第一本“问津文库”专著是《沽帆远影》，由天津古籍出版社于2014年出版，标志着“问津文库”的正式出现。

“问津文库”系列乃“问津”所生发，与《天津记忆》“小白本”有密切联系：“（振

①张元卿：《〈天津记忆〉与民间研究》，《天津记忆》第100期，第14页。

良）与天津古籍出版社合作推出大型天津历史文化丛书'问津文库'，《天津记忆》学人群便自然地转化为《问津》和'问津文库'的主要作者，同时也成为'问津'学人群的基本班底。"[①]但与"小白本"时期相比，《问津文库》系列的成果具有"转正"了的身份，《天津记忆》"小白本"之优点得到了空前的加强与凸显：

①"有容乃大"的气质

该丛书具有开放包容的特点，体现出"海纳百川，有容乃大"的气质：

第一，与《天津记忆》相比，"问津文库"系列由每期一个主题扩展到每主题一个系列。每个系列的成果数量，以及系列类别的设置均呈现出一种开放性的特点。迄今为止，"问津文库"已有九种系列：天津记忆、通俗文学研究集刊、三津谭往、九河寻真、津沽文化研究集刊、津沽名家诗文丛刊、津沽笔记史料丛刊、名人与天津、随艺生活等。每个系列著述总数并不固定，貌似一切随缘的态度。另外，这些系列并非同一年出现，例如"天津记忆""通俗文学研究集刊""三津谭往""九河寻真" 系列均出现于2014年，"津沽文化研究集刊""津沽名家诗文丛刊""津沽笔记史料丛刊""随艺生活"则出现于2015年，而"名人与天津"系列则出现于2017年。这种现象说明编者开放的态度，"问津文库"系列处于变化之中，这种变化带给读者新鲜的观感，以及对于"问津文库"出版的期待。

第二，"问津文库"的成果体现出一种"有容乃大"的特点。就目前出版的成果来看，质量有所参差，然而出书似做人，人尚且无"完人"，安能要求著述完美无缺？于是，"问津文库"主编本着"瑕不掩瑜"的原则，看到了这些成果的优点与长

①王振良著：《记忆的碎片：津沽文化研究的杂述与琐思》，天津古籍出版社，2016年，第8页。

处，及其在天津文史研究方面独特的价值与意义，故积极为之推介出版。此即“问津文库”于成果吸纳方面所体现出的“海纳百川，有容乃大”的气质。

②吸附力的增强

与《天津记忆》时期相比，“问津文库”由天津古籍出版社与天津社会科学院出版社出版发行，属于“转正”了的出版物，因此其影响越来越大，对文史学者的吸引力亦越来越大，表现为：

第一，被吸引而来的作者不再局限于天津，北京、河北、河南、四川、南京等地都有，作者群越来越庞大。

第二，学院派参与者越来越多。相比《天津记忆》时期，“问津文库”作者群中的学院派参与者越来越多，南开大学、天津财经大学、天津理工大学、河南理工大学、天津社科院、天津师范大学、天津档案馆、天津图书馆等机构的专家学者纷纷加入。

③学术地位得到昭显

“问津文库”系列对学术界的影响越来越大，其学术地位越来越得到肯定，具言之：

第一，学术前沿不断得到拓展。

通俗文学研究方面成就颇高，例如“问津文库”先后出版了张元卿先生有关刘云若研究的著述四部，分别是《望云谈屑》《云云编：刘云若研究论丛》《刘云若评传》《待起楼诗稿》，这四部专著实实在在奠定了其在刘云若研究领域的领先地位，使学界对刘云若的认知不断深入。又如“问津文库”中的三种《品报学丛》，有关其在通俗小说研究方面的价值、学术地位，已经见诸徐斯年先生《〈品报〉的“北派”研究》一文，此处不再赘言。

雅文学与文化研究方面，“问津文库”系列不断为学术界提供新的文献资料，输入新鲜血液，补文学史之不足。“问津文库”中的“津沽名家诗文丛刊”系列与“津沽笔记史料丛刊”系列，在资料发掘整理方面独具慧眼，为津门文史学界的研究不断提供新的资料。例如，宋健先生整理的《王南村集》为天津文学史的研究弥补了空白点，具有非常重要的研究价值。而陈鑫先生整理的《严修日记》，在文史学界获得了高度认可。

“问津文库”有关天津地域文化研究的成果颇多，但张健先生的《口述津沽：民间语境下的西沽》《口述津沽：民间语境下的西于庄》《口述津沽：民间语境下的堤头与铃铛阁》三部著述是口述史研究的重要成果。张健先生运用田野调查的方法，以镜头、文字再现寻常百姓记忆里的空间，记录天津城市的变迁，为天津城市史研究增加了新的维度。在天津口述史研究方面，张健先生的“口述津沽”三部曲有开拓性价值与意义。

第二，民间学院两结合的道路越发宽广与顺畅。

《天津记忆》“小白本”时期，就已经走出民间学院两结合的发展道路。其时学院派的代表是鼎鼎大名的来新夏先生、李世瑜先生、罗澍伟先生和张利民先生等，他们于民刊之创办、民间学者之研究，均能大力支持。据王振良《“避而远之”与“接而近之”》一文：“在赢得国家文物局、中国文物保护基金会、中国文学学会以及众多知名文化遗产保护人士关注与支持的同时，团队也引起不少利益方的嫉恨乃至诋毁，很多人由是对团队避而远之。就是在这种背景下，来新夏先生不但为团队的‘队刊’——《天津记忆》题签，还欣然接受了团队的顾问之聘，多次参加团队组织的学术会议，并在中国文化遗产保护天津论坛上为团队和文化遗产保护大声疾呼。”①

其实王振良先生的合作伙伴张元卿先生也是学院派的代表，彼时尚隶属于天津社会科学院。和来先生一样，张元卿先生也是具有民间情怀的学院派代表，其对民间学院两股力量的认知非常积极：“《天津记忆》创刊伊始便有两个侧面：一面开向民间记忆找寻者、记录者；一面开向专业文史研究者。这两股人马在‘天津记忆’系列中常是你中有我，我中有你的，比如民间研究者的新作常有专业人士为其写序，这便使一般情况下很难会面的双方人士在《天津记忆》实现了会师……三年来这个渠道一直较为畅通，因而民间研究者得以由此获取专业研究者的营养，逐步提升自身研究的学术性；专业研究者也从民间看到了新方法带来的新成果，并逐渐认识到记忆研究既是体制内专业研究的有益补充，同时也具有很强的独立性。”②

而到了“问津文库”时期，这种民间、学院两结合的道路走得更为顺畅、宽广。具体的表现是：“问津文库” 中越来越多的出现学院派的成果；“问津讲坛”“问津学术讨论会”等形式，使民间、学院的交流沟通基本达到无障碍的地步，而且双方的研究成果亦呈现出互为补充、互相促进的状态。例如“问津文库”中关于天津诗人王煐、小说家刘云若、郑证因、宫白羽等人的成果，可以弥补学院派有关论述之缺憾，也促进学院派在相关问题上更为深入地研究下去。再者，民间学者跟学院派的沟通也越来越多，在学术研究上互相交流、辨析疑难的频率也越来越多。

①王振良：《记忆的碎片：津沽文化研究的杂述与琐思》，天津古籍出版社，2016 年，第 85 页。

②张元卿：《〈天津记忆〉与民间研究》，《天津记忆》，第 100 期，第 15 页。

如此，便形成一种更为和谐的民间、学院两结合的状态，走出更为宽广的结合之路。

2.《天津文献集成》

2017年10月，天津图书馆与天津市问津书院合作编辑、出版了一套大型文献丛书《天津文献集成》，为士林称颂一时，也是“问津文献”的重头戏。

之所以能够推出这样一套大型文献丛书，源于“问津书院”主者王振良先生的担当与情怀，据其《〈天津文献集成〉编后记》云：“编辑天津地方文化丛书和地域文献集成，可谓是我多年的幻想。……天津文献丛书之□集，如抛开文集和家集，民国始有高凌雯《天津诗人小集十二种》和金钺《屏庐丛刻》之纂，而且规模十分有限，非但无法望苏、浙、闽、皖、湘、鄂、川、鲁、粤、晋、豫、冀之项背，即视桂、滇、贵、陇亦多有不如。新世纪以来，各类地域文化和文献丛书数以百计，而天津依旧无动于衷，以至学界恒称天津乃‘文化沙漠’。编辑天津文化和文献丛书，真的已是刻不容缓，否则学界之偏势难纠正。”[①]有如此能反省、能担当的知识分子在，《天津文献集成》始能有机会出世。

①《文献集成》之体例

该丛书“旨在保藏地方文化资料”，收录各类天津地方文献80余种共50册，多系孤本、善本、抄本，主要是“天津人的著述、关于天津的著述、寓居天津者主要在津完成的著述”，以“传统集部为主，兼及经、史、子三部”，而对于那些“尚未形成图书形态的档案类、函札类资料不收”，其所收文献的成书时间限定为1949年

①李国庆、王振良主编：《天津文献集成》，天津古籍出版社，2017年。

之前，1949年至1966年间“关涉天津地方文化的稀见本酌录”。[1]另外，该丛书所有书版均经过精心修复：错页处予以更正，“漏页者酌情配补，一时无法配补者径注明‘原阙’”。[2]

观《天津文献集成》所收集部书籍，总集类有《津门征献诗》《天津诗人小集十二种》《津门诗钞》《天津文钞》《金氏家集》《华氏家集》等等，别集类如《诗礼堂全集》《蒙斋文存》《归云楼集》《小航文存》《周悫慎公全集》《止庵诗存》《碧琅轩馆诗钞》《寒云诗集》《苦水诗存》等。这些著述之作者都是在天津历史，乃至中国史上占有重要地位的文人，因此其文献学价值不容忽视。

②《天津文献集成》与“问津文库”互相辉映

就出版时间而言，“问津文库”系列在前，而《天津文献集成》在后。“问津文库”系列丛书为当代人对天津文史的整理、记录、研究，《天津文献集成》则为影印清至民国的津门文献，偶有现代的著述，因此这两套丛书各有其价值与意义，在天津文化史上相互辉映。

或曰，此两套丛书有重合之著述，留其一种可乎？曰：不可。就所收著述而言，“问津文库”系列与《天津文献集成》确有重合的部分，诸如《碧琅轩馆诗钞》《止庵诗存》等著述，二者皆有收录。然而“一书两录”，非但多此一举，反而有益于读者，以《碧琅轩馆诗钞》为例。《问津文库》所出为《碧琅轩诗钞》点校整理本，《天津文献集成》为影印本，且点校本先出。点校本有点校本的方便之处，也有其缺点，即人工失误不可避免，而影印本则似校点本之“镜鉴”，可供读者相互印证，如此便

①②李国庆、王振良主编：《天津文献集成》，天津古籍出版社，2017年。

保证了在后世流传过程中出现更少的失误。

③《天津文献集成》之价值

该丛书虽是天津一地文献之集成，但其价值与意义却有目共睹，正如山东大学杜泽逊先生在《天津文献集成》序言中所说："地方文献与地方史志恒相表里，府志有赖于县志，省志有赖于府志县志，全国一统志则有赖于省府州县志，分之则各志一方，合之则共为总志。辑《全唐诗》者，固不能以地方文献而轻视之也。京津冀地方文献之辑刊，规模较大者为光绪间王灏刻《畿辅丛书》，计一百八十二种四百二十九册一千三百六十八卷，又卷首五卷卷末一卷（据《续修四库全书总目提要》）。天津地方文献之编刊，则有民国间高凌雯辑刻、金钺校刊之《天津诗人小集》十二种二十一卷。……今国庆、振良两先生辑印《天津文献集成》，踵武前哲，后出转精，余固乐为之序，以述其功也。"[①]杜泽逊先生作为目前国内顶尖的文献学教授，其"地方志虽是一地之志，然不可仅以一地视之"的观点，对于《天津文献集成》的"踵武前哲、后出转精"的评价，都是学术界对于《天津文献集成》出版的高度认可！

总之，《天津文献集成》在文史学界所引起的震动，未局限于天津一地。该丛书的出版也得到很多外地文史学者的关注，王振良先生就曾言该丛书外地的认可度高过本地。诚然，此《天津文献集成》只收录了津门文献 80 余种，只占到原文献量的 1/15。但这毕竟是一个美好的开始。期待未来能够继续呈现给文史学界一道道饕餮大餐，届时"问津"现象必将更能引发文史学界关注与研究。

①李国庆，王振良主编：《天津文献集成》，天津古籍出版社，2017 年。

结 语

“问津现象”是近年天津出现的一种非常值得深入研究的文化现象。这种文化现象是一种积极的、进步的存在，它以记忆、传播、传承天津历史文化为己任，以非官方的身份自觉担当传承文道与文脉，这是中国历代儒家知识分子才有的入世传道之心，是值得尊重的！

“问津文库”系列与《天津文献集成》两套大型丛书的出版，既是对天津历史文化记忆的追寻，也是对天津历史文化记忆的重构，在这个过程中构建着集体意识、历史意识，也使得津市市民有一种自我的文化认同与身份认同。

从一城一地观之，通过“问津”所取得各种成果、所举办的各类活动，“天津文化沙漠说”必将得到彻底否定，同时增强天津市民的文化自信与身份认同感，其功甚伟！从大处观之，“问津现象”也是国家、天津市鼓励发展民间社会文化组织的成果与成功案例。迄今为止，于国家，于天津，于市民，于文史学人，“问津现象”所展现出来的都是积极的正能量，而这种积极的作用与影响必将以“问津书院”为核心，向整个天津乃至全国进行辐射……

从问津书院看“公能精神”

胡海龙

天津问津书院作为一个民间的文化公益机构，近年在天津历史文化研究、乡邦文献整理、文物建筑保护等方面取得了令人瞩目的成绩，声名鹊起。问津书院的发起人王振良先生是南开大学中文系的校友。如果比较问津书院的理念、实践与南开学校的“公能校训”——“允公允能，日新月异”，会发现问津书院全面而完善地体现了“公能校训”所蕴含的精神（通称“公能精神”），而振良先生本人，无论是作为学者，还是作为公益志愿者，也都是“允公允能，日新月异”的典范。笔者是振良先生昔年的同窗学友，也是问津书院的“粉丝”，在此拟就问津书院与“公能精神”这一话题作粗浅探讨。

这里有必要对“公能校训”的内涵作一简单解读。“允”是“既”“又”的意思，也隐含着“大”和“实然”的意思。“公”“能”二字是“公能校训”的关键词，内涵极为丰富，大体言之，“公”侧重在“群道之昌大”，指道德修养和社会担当，也指公共团体建设和公共生活能力的培养；“能”侧重在“个人之发达”，指个人能力，也指群体能力。“日新月异”代表了不断进取、创新的精神，强调促成社会的实际进步。“公能校训”立德、立功、立言、立群并重，特别强调服务社会，有社会性、实践性、切实可操作性、群体本位性等特色，所蕴含的精神和智慧具有普适意义，不仅指示了一种崇高的价值理想，也点明了成就社会事业的基本原则和方法（参见笔者《试论南开“公能校训”的八大特色》），与公益事业十分契合，完全可以作为公益团体的核心价值理念，值得广泛推广和弘扬。

问津书院的主要工作领域是天津地方历史文化研究。笔者觉得关注乡土研究特别符合“公能精神”，因为“允公”之“公”，包含有小到班级、团队、社区、县市，大到国家、世界的不同层次，身在某地，当然应该研究某地，服务某地。可惜的是，因为种种原因，乡土研究一向不太受高校重视，在部属高校尤其如此（近年有一些改观）。老南开不是这样。1921年，张伯苓先生在对南开学校安徽舒城同乡会的同学演讲时说，“你们全是从一个县里来的，对于你们的本县，你们应该负责任”，勉励他们“现在就应该做起，乘着暑假回家就去实地调查”。建立乡土研究机构，南开很早做出了榜样。早在20世纪20年代中期，南开大学就成立了天津研究会和社会视察委员会，对天津的经济、产业、交通、传媒、社会生活等进行了系统考察和研究。问津书院成立以来，为整理、研究天津近代历史文化做出了突出贡献，填补了许多学术空白，在一定意义也推动了本地高校对相关领域研究的重视。就振良先生本人而言，他并非天津土著，但他专注于天津地方文化的研究，做出了开风气之先的重要贡献，界内人士称他是“最爱天津的非天津籍文化人”。需要特别指出的是，天津是历史文化名城，是中国近代史上最重要的大都会之一，天津近代历史文化的研究课题有一部分是具有全国乃至世界意义的，问津书院的某些研究课题即属此类。此外研究、传播地方文化的意义还经常是超出文化、学术以外的。张伯苓先生说“知中国，服务中国”，我们同样可以说“知天津，服务天津”，让市民更多地了解天津的历史文化，人们会更爱天津，从而更好地服务天津，建设天津。

现任南开大学校长龚克先生曾从“立公”“增能”的角度解读“公能校训”(参见龚校长在南开大学2013年新生开学典礼上的讲话《立公增能，止于至善》)。从民间文化公益的角度考量，问津书院在“立公”方面(搭建公共平台，带动公众参与，建设公共团体)有很杰出的表现，在“增能”“允能”方面(提升专业能力，扶持年轻学人，扬长避短发挥自身潜能)也堪为全国同类文化团体的楷模。以下试作分析。

问津书院建立以来，团结了一大批天津高校、科研院所及档案馆、文史馆、史志办等专业机构的研究人士，还吸纳了相当多的民间研究者，外省如河北、江苏、河南等也都有学者参与到《问津文库》及书院旗下杂志的编撰工作中来，图书馆、出版社等公共文化机构及企业家对书院的事务也多有参与和支持。可以说问津书院这个平台沟通了体制内外、本市外省，也沟通了不同职业社群，大家群策群力，精诚合作，成就了比个人苦心孤诣做研究传播大得多的文化效益。笔者身在湖北，与振良先生以外的问津同仁接触有限，但从书院出版物的主题可以看出来，作者们的专长背景、研究对象可谓千差万别，包括文学、教育、建筑、历史街区、古村落、军政名人、市井记忆、老行当、老报刊、文化收藏、民俗、方言、中外交往、抗战等等。平心而论，没有问津书院这样一个平台，许多人是难得有机会走到一起的。正如问津书院微信群一位老先生所言，振良先生和问津书院发挥了“黏合剂”的作用，“把热爱天津近现代文化的写作者聚拢在一起，组织在一起，同心协力，积沙成塔，又鼓励、支持大家八仙过海，各自作为，收集、整理地方文化，辑录成书”。老先生这段话，不仅是对问津书院的公允评价，也是对“允公允能”内涵的极好诠释。

问津书院除了与天津古籍出版社合作出版《问津文库》（迄今已出版专著及近人著作 60 余种），平台之下还有《问津》《开卷》《参差》《品报》等内部交流资料，还举办了 46 期“问津讲坛”（截至 2017 年 7 月），召开了 20 多次学术研讨会。问津讲坛面向大众，带动了很多年轻人关注天津历史文化。书院组织的读书会活动，也起到了类似的作用。关于天津近代历史建筑的保护和研究，振良先生早先在天津市建筑遗产保护志愿者团队的时候就做了很大的贡献，经过他的努力多处历史建筑被列为国家或天津市重点文物保护单位，许多市民也在他的带动下参与到“扫街”行动中来。冯骥才先生说：“文化遗产保护是一项十分浩大的工程，不是仅凭个人能力就能实现的，而是要全民动员，将文化遗产保护变成一种共识。”天津民间文保意识的兴起以及文保工作的公众参与，社会公认问津书院和振良先生有着突出贡献。

关于问津书院的团队建设，笔者不在天津，无从深入了解，但通过书院微信群也略知一二。振良先生作为书院的灵魂人物，为人谦和、低调、包容，作风民主。虽然书院事务头绪繁多，但感觉责任到位，组织得力，办事绩效很高。张伯苓先生曾为南开制定了“校务公开，责任分担，师生合作”的管理原则，问津书院的运作模式，可以说也正是“院务公开，责任分担，群策群力”。

对一个民间团队来说，内部风气建设至关重要。张伯苓先生谈校风的时候曾经说："校风为学校之灵魂，亦即命脉。学校无优良之校风，如人身之无灵魂。"（李英华、王小龙《张伯苓与蜀光中学》）问津书院微信群良好的交流氛围给笔者印象特别深。大家无论职位高低，年龄大小，都遵守群规，坦诚交流，彬彬有礼而又不失活泼和幽默。在其他某些民间文化团体那里有的文人相轻的习气，在问津群是看不到的。有一次笔者注意到，有位先生发言列举一位学者指出的他文中的错误，并真诚地表示感谢。另一位先生（倪斯霆先生）总结："这就是问津精神！问津精神包括默默耕耘，无私奉献，实事求是，爱我津沽。"团队这种良好的风气肯定是大家同心同德逐渐沉淀下来的，也肯定会向书院以外延伸，相信长远还会影响到相关高校学风的改进。

谈了问津书院的"公"，再看他们的"能"。作为一个民间文化团队，几年来问津书院成果之丰，学术水准之高，在全国同类团体中是罕见的。取得这样的成绩，与振良先生的学术造诣、选题眼光、策划组织能力、社会协调能力、整体把握能力相关，与团队成员的专业能力和合作能力也是分不开的。问津书院组织、统筹工作很出色，同时又注意让各人发挥专长，展现创造力，让个人之"能"与团队之"能"一体共赢。如在组稿选题时，书院从不搞"主题先行"，而是放手让作者们完成自己最感兴趣的话题，"八仙过海，各显神通"。

问津书院提供了出版、传播的平台和交流、碰撞、学习的机会，让一大批民间的学术成果得以面世，也让一些起自草根的民间学人和年轻学者成长起来。问津书院其他的老师对民间业余作者的提携笔者所知有限，据个人多年对振良先生的了解，他很喜欢和草根文化爱好者交朋友，为他们介绍研究方法，鼓励他们练笔投稿，还尽己所能地为他们提供学习交流的机会。以前的《天津记忆》杂志，现在的《问津》杂志，都刊发了大量业余作者的作品，有的还是个人专辑。笔者有幸请教过的前辈语言学家谭汝为教授，虽然身在高校，却常和民间青年文化爱好者打成一片，向他们传授治学心得。在问津书院微信群，以上提到过的那位老先生有一次的发言让笔者特别感动。他说："我非常感谢王振良老师的鼓励、滋润，让我这个草民、'乡径樵夫'成长为'文化人'。"事后得知，这位老先生原来是一位工人，后来研究家乡文史，著述颇丰，问津书院还曾为他专门召开过学术研讨会。年轻学者的成长，以《问津文库》为例，两位历史学科班出身但职业又与研究无关的"80后"学者郑伟先生和陈鑫先生整理出版了《退思斋诗文存》和《严修日记(1876—1894)》，显示了相当的学术功力，也助推了天津民间学人文献整理水平的提升。如今，问津团队十余人的地方文献整理队伍已经初步成形。

关于"能"，笔者觉得问津书院特别值得一提的是他们学术上理性的自我定位以及注重田野调研的学风。书院的研究选题多是"拾遗补阙"型的，专注于专门机构和专业人士视野之外的选题，发挥了自身的长处，同时也和高校、科研院所形成了宏观上互相配合、互为呼应的关系。问津书院的出版物，除了名家新秀的严肃学术著作外，有相当一部分是采自最基层的民间史料专集和田野调研论集，许多资料显然是经过长期走街串巷作调查、访谈积累而成的。笔者印象很深的，包括张建先生的口述史著作《最后的南市》，振良先生关于天津"小洋楼"的研究文集，《问津》杂志1976年地震专辑，以及今年7月问津讲坛的主题"近代天津粪夫组织"等。振良先生曾形容问津人"甘于琐细，不追求高大上，从低端、从微处、从底层发现学问”，这些成果就是鲜活的范例。振良先生说：“这些民间化的研究……是来自实地调查梳理的第一手的资料，鲜灵灵的，活生生的，其生命力并不弱于高头讲章乃至长篇大论。甚至几十年上百年过去，被历史汰去的不是前者而是后者。”对问津书院这样的民间文化团体来说，收集民间史料、做田野调研有很多方面的意义。非专业作者做这些工作有特别的优势，最能扬长避短，发挥个人专长。勤下基层、深入一线是个发现新材料、新线索、新课题的过程，也是开辟新视角、养成新思维的自我“增能”的过程，同时还是与社会大众交流、发现民间作者、为团队人才储备“增能”的过程。此外对受访的普通劳动者而言，这样的采访和记录本身也是一种人文关怀。

问津人这种重视田野调研的学风，与老南开的治学风格可谓如出一辙。张伯苓先生办南开大学，以“知中国，服务中国”为宗旨，特别重视深入基层作田野调查。20 世纪 20 年代后期南开大学组织了东北研究会，在东北进行了多次大规模实地考察，在九一八事变后四个月之内编纂出闻名于世的《东北地理教本》。30 年代的南开经济研究所，就农业经济、手工业、乡村财政、农村移民等课题做了大量卓有成效的研究工作，教授下乡调研有时还和农民一起干活。当年的南开经研所，开创了中国经济学实证研究的先河。可以说这种重视田野调研、接地气的研究方式，成就了南开经研所的学术地位，也成就了今天的问津书院。

“公能校训”的下半句是“日新月异”，强调创造创新。问津书院及振良先生本人的创新是非常多的。2008 年 11 月，振良先生当时所在的天津市建筑遗产保护志愿者团队发起并主办了“城市化发展与文化遗产保护”天津论坛，那是新中国成立以来第一个由民间发起的全国性文化遗产保护论坛。振良先生从实地调查中总结出的确认历史建筑身份的“三重证据法”(三重证据指人证、书证和旁证),为澄清天津三百多处近代建筑的历史渊源发挥了关键作用,而且经南京张元卿博士在本市应用,短短三个月间就发现了名人旧居线索十余处。《问津文库》“书院、出版社、作者、主编四方合作”的出版模式,探索出了一套行之有效的民间学术搜集整理和编辑出版的共赢机制,具有广泛的推广价值。此外问津书院在天津多所高校的文科院系设立“问津学术奖励基金”,遴选以天津历史文化为主要研究对象的优秀学位论文资助公开出版,对同类民间文化团体来说也称得上是一项创举。问津书院为什么善于创新?团队风气良好,具备全国和国际视野,重视田野调研,不同专长和学术背景的学人在一起交流碰撞,而且作风民主,放手让作者发挥,善于创新是必然的。由此也可见,做到了“允公允能”,也必然能够“日新月异”,不断有创造创新。

行文至此,笔者想特别谈一谈问津书院和振良先生为外省民间文化、文保事业所做的贡献。这里以笔者所在的湖北为例。2009 年“人文武汉”文保团队带头人刘谦定先生参评第二届“薪火相传”中国文化遗产保护年度杰出人物,曾获得振良先生的积极支持和热情赞叹。2011 年襄阳拾穗者民间文化工作群与湖北南开校友发起“漳纸工坊”手工文化遗产保护项目,振良先生不仅积极捐款,还联系史学泰斗来新夏老先生为“漳河源南开桥”题字。2013 年问津书院与天津木斋中学联合主办卢靖卢弼学术讨论会时,特别邀请两位卢先生湖北原籍仙桃、祖籍洪湖的五位学者、志愿者和卢氏族人赴津与会,推动了湖北对卢氏兄弟的纪念和研究,次年仙桃八中与木斋中学结为姊妹学校也与这次会议有关。问津书院还长期给笔者在襄阳、荆州的学者朋友寄赠书刊。笔者在湖北从事的文化、教育公益项目，振良先生曾多次给予中肯的建议，有经验从不自秘。湖北而外，据笔者所知，问津书院和振良先生对甘肃、浙江、河北等省的基层文化人都曾予以支持。他们自身事务繁杂，如果没有大格局、大关怀是很难关心到外省的。

关于问津书院和振良先生的大格局、大关怀，笔者是有特别感慨的。许多的公益团队（包括其他公益领域的团队）奉献精神、实干精神可钦可感，但主要关注本地、本团队的事务，对外地、外领域是很少注意的。这一方面是精力有限的原因，另一方面和团队的格局、带头人的思维方式恐怕不无关系。张伯苓先生说："允公是大公，而不是小公。小公只不过是本位主义，算不得什么公了。"张伯苓先生的好友、重庆南开中学校董卢作孚先生说："吾人做好人，必须使周围都好，只有兼善，没有独善。"（卢作孚《精神之改造》）张伯苓先生办中学的主要助手喻传鉴先生解读为什么蜀光中学以"公"为校训，开宗明义就指出"意在使学生眼光放远，胸襟扩大"。（喻传鉴《从南开到蜀光》）南开校友赵启正先生也说："爱南开不是狭隘地爱南开，是爱天津；不是狭隘地爱天津，是爱国家。"（《百年南开访谈文集》）笔者不愿仅从道德层面来褒扬问津书院和振良先生，因为大格局、大关怀实际上是一种"能力"。如果只埋头拉车，不抬头看路，不关注外地和其他团队，视野和思维会有极大的局限，经常会看不到本地和外地、不同团队、不同公益及社会领域的关系，看不到民间文保、文化事业全国一盘棋的大局，甚至不能充分了解本团队的长处和潜力。从国内公益界看，那些格局大、关注远方、善于跨界的团队，往往取得了更大的成就。所谓"允公允能"，有"大公"才会有"大能"。

问津书院的"公能精神"，体现在许多方面和各个细节，以上所述只是撮其大要。笔者认为,“允公允能,日新月异”既是问津人的品格和特质,也是他们取得成功、走在全国前列并获得广泛的社会认可与社会支持的原因。问津书院的理念、经验,是非常值得总结、研究的,也值得向全国推广。问津书院五周年庆在即,在此笔者谨向问津书院的老师们致以深切敬意,也祝愿书院在下一个五年里创造更大的辉煌。

2017年8月

垂髫之年 而立之作

——写给天津问津书院五周年

彭秀良

天津有个问津书院，是坊间书人向往之地，也是天津的一处书香地标。隔一段，我就会收到他们寄来的书刊，都是有关天津的，有关文化的，有关历史的。

……

问津书院的书香，从津门飘向全国，飘向世界，使人感受到了天津的文化底蕴，天津的历史余温。每当收到问津寄来的书刊，我就感到一种文化的温暖。

这是刊登在 2017 年 1 月 7 日《黑龙江日报》副刊上的一篇文章，题目是《问津书院的温暖》，作者署名为杨栋。我并不认识这位作者，但我认同他的观点，因为我和天津问津书院也有不浅的缘分。

偶然结缘

我和天津问津书院结缘，还是因了一个偶然的机会。2014年冬季的某一天，我为写作《段祺瑞传》和《冯国璋传》到天津访问段祺瑞的孙女段慧敏、冯国璋的孙女冯容，并赴美女作家郭丽梅安排的晚宴。郭丽梅的款待极为周到，她约请了一些文化圈的朋友作陪。就是在那次酒席上，我结识了王振良，丽梅向我介绍说："这是《今晚报》副刊部的王主任。"

觥筹交错间，我与振良很快熟络起来。他问我此次来津所为何事，我说是为了访问段慧敏和冯容，以为两本传记的写作提供更可靠的素材。说者无意听者有心，振良立时向我提出一个要求，问能否在他主持的问津书院举行这两本书的新书发布会。说实话，我当时并不了解问津书院的性质与规模，只是听了王振良的简单介绍，不过我还是答应了下来。于是，就有了2015年7月4日下午由中华书局与问津书院共同举办的《段祺瑞传》和《冯国璋传》新书发布会，也是在那个时候我才第一次近距离地接触了问津书院。

那天上午，振良引领我来到问津书院。刚进门，我看到的是一个书吧，保守一点的叫法，可以说是小型的街道图书馆。振良告诉我，每天都有不少附近的居民来此读书，也有一些学生到这里查阅资料。我随意看了看书架的图书，觉得档次还是蛮高的。

走过图书阅览室，就进入书院的内部了，四四方方的一个天井，三面是楼房，主楼高四层，可惜我一直没有辨清方向，至今也无从知晓主楼的朝向。上到这组建筑群的二层，见到的是问津书院的藏书室，名曰"雅雨堂"，我想这里应该被看做问津书院的主体部分。振良说，这里收藏的都是天津地方文献，没有买来的，全都来自于社会捐赠。捐赠者当中既有冯骥才、来新夏等文化名人，也有天津地方史学者，如章用秀捐赠了全部个人著作，井振武捐赠了二百余册天津知青史料……日本友人近藤久义，捐赠了数千张天津老照片（光盘）；青年学者陈硕捐赠了十余部1949年以前的天津纪录片，总长度超过一小时。听着他的介绍，我才慢慢感觉到问津书院之于天津地方史研究的重要价值，以及她在天津文化人心目中的分量。更为特殊的是，雅雨堂的室内装修设计是由日本著名建筑与工业设计大师黑川雅之先生完成的，空间利用可谓达到极致，具有浓郁的现代风格。

参观结束以后，我才想起要追究一下问津书院的成长史。振良介绍说，历史上的问津书院初创于清乾隆十六年（1751），由长芦盐运使卢见曾倡议营建，大盐商查为义捐出其家旧宅地助成。书院由卢见曾取"汛海问津"之义命名，旧址在今天的鼓楼南街，目前尚余古槐一株。光绪二十六年（1900），书院毁于八国联军的炮火，匾额因得到厨丁王恩荣的保护幸存，现藏于天津博物馆。问津书院可说是天津历史上建筑规模最大、持续最久的民间教育机构，张模、韩嵩、姚范、金文淳、吴联珠、廉兆纶、李嘉端、张佩纶、黄国瑾、李慈铭、叶昌炽等均曾主讲于此。其时津沽文人名士多在此学习或活动，在天津文化史上有着重大影响。道光年间，著名诗人梅成栋曾藉书院双槐书屋起梅花诗社，使这里成为当时天津雅文化的中心。光绪年间，李鸿章接受劳乃宣的建议，在书院设直隶官书局，又使这里成为天津重要的图书印刷和集散中心。

我们现在看到的问津书院，是振良等天津学人与企业家联手复建的。2012年

8月问津书院复建开始筹备，2013年1月启动运作，6月29日正式揭牌。复建后的问津书院尚在幼年期，即使到了五周年庆典的今天，仍处于垂髫之年，真的很年轻。

成绩不俗

在我的意识里，书院应该是读书讲学的地方，如此才符合中国传统书院的含义，而天津问津书院确实开启了定期讲学的新篇章。在每月的最后一个星期六（除夕所在月份和12月各停一次），都要推出一次公益讲座，取名为问津讲坛，免费向社会开放。问津讲坛每期聘请一位卓有建树的专家学者主讲，内容涉及天津历史文化的各个领域。问津书院还先后与《渤海早报》《每日新报》等媒体合作，对论坛内容和主讲专家进行全方位报道，扩大社会影响和服务范围。而且，每年的讲稿结集为《三津谭往》正式出版。每次讲座之后，例行有问津学者沙龙，讨论读书和天津地方史话题，甚是生动活泼。

除开办讲座之外，问津书院又组织出版三种内部交流资料（俗称“民刊”）——《问津》《开卷》《参差》。《问津》2013年1月开始出版，每月一册，主要围绕天津历史、文化、民俗等展开，汇集保存了大量天津学人的研究成果。2014年第1期《新文学史料》杂志刊发过一则类似书讯，并且还拟了一个标题——《〈问津〉：有意思的天津史料小丛书》，里面的段落文字是这样的：

每一本像过去的小人书那样开本，一本一个主题，有关于孙犁、刘云若等作家的,有关于天津某地界儿的,有关于曲艺的,有关于津门烟话的,有关于各类人物如卢木斋的,都是难得的史料。……这套小丛书扉页上印着“内部交流 免费赠阅 欢迎赐稿 没有酬劳 资料一本 聊以为报 纠错指谬 无任欢迎”的字样,并印着电子邮箱 jwbwzl@sina.com。特此介绍,以表同道敬佩之意。

这则书讯的落款为“本刊编辑”,现在想来也是一段很有趣的故事了。《开卷》是有全国影响力的读书刊物,已走过 17 年的历程,2014 年始与问津书院合作,目的在于弥补出版资金上的困境,并提倡高品位的阅读。《参差》为专业化小众读物,关注的仅仅是毛边书,但其框架设计也有如上的“推广”考虑。从 2016 年初起,问津书院将这三种“民刊”每期都寄送给我一份,在这里感谢他们的厚爱。

天津问津书院致力于发展的另一个重大文化项目,就是“问津文库”的编辑与出版。“问津文库”系大型天津历史文化丛书,从 2014 年 8 月开始出版第一种图书,到 2017 年 5 月已突破 50 种。“问津文库”目前已形成七个子系列:天津记忆、津沽名家诗文丛刊、津沽笔记史料丛刊、津沽文化研究集刊、通俗文学研究集刊、三津谭往、九河寻真。其中,津沽笔记史料丛刊被批准为《“十三五”国家重点图书、音像、电子出版物出版规划》项目。

短短的五年时间,问津书院秉承“追寻津沽记忆,守望文化家园”之宗旨,致力于打造天津地方文化研究、交流、协作、推广的平台,积极推动天津历史文化资源的抢救、发掘、保护和宣传,取得了不俗的成绩。虽仍处垂髫之年,却已有而立之年的作为,其前程不可限量。

多方合作

天津问津书院之所以能够取得这样不俗的成绩，是与其独特的运作模式分不开的。首先,拥有自己的固定活动场所和稳定经费来源。问津书院的创办是巷肆创意产业园大力支持的结果,不仅有固定的场地,而且有比较稳定的经费,而且相对来说还是较为充分的。这一点是其他非营利性组织不好做到的,因而我说问津书院的运作模式是难以复制的。

其次,集结了一批志同道合的文化界同仁。以“问津文库”为例,短短两三年时间就形成了一种很独特的四方共赢模式:这种模式里有四个合作方——书院、出版社、作者、主编(就是王振良)。从公益的角度讲,四个合作方都是奉献者:书院提供排版和印刷经费,出版社提供统一书号和三级审校,作者提供稿件放弃稿费,主编无偿组织协调和编校稿件。从世俗的角度讲,四个合作方又都是受益者:书院成果看得见摸得着,既营建了企业文化氛围,又提升了社会认知程度;出版社快速打造出了文化品牌,短期内经济效益可能不高,但社会效益乃至政治效益极好;天津地方文化类书稿,很长时间以来备受冷落,要想出版多要走自费渠道,纳入文库能不花钱公开出版,同时作者还可获得 100 本样书,实际上相当于以书代酬;而作为主编者,显然可以通过策划组织这种大型丛书的出版提升社会影响力。振良曾有一次特别谈到“问津文库”在推进地方文献整理方面要借用“外脑”:

津冀很长时期以来行政一体,历史上文化交流频繁。众多河北籍人士旅寓天津，同时也有大量天津籍人士游宦河北。这些人士的诗文或笔记之类著述，往往兼及两地，既可视作天津地方文献，也可视作河北地方文献。因此，在与河北地方文化学者交流过程中，文库的一些文献整理项目，就落实到了有兴趣的河北学者头上。

我也受邀参与"问津文库"的文献整理工作，已经应允将《冯国璋集》《段祺瑞集》交由他们出版。藏书、读书、编书，在很多时候不只是个人的事情，也要视为一种社会行为。因此，动员更多的人参与其中，才是取得成功的有力保证，天津问津书院的成功秘诀即在于此。当然，这种四方共赢模式的形成，绝对离不开问津书院相对稳定的经费来源。

复次，开展主题活动，既吸引市民参与，又扩大了书院的影响力。问津书院每年以天津历史人物为主题，举办一次学术讨论会。2013 年主办了卢靖、卢弼学术讨论会，2014 年主办了纪念华世奎诞辰 150 周年学术讨论会，2015 年主办了纪念章式之先生诞辰 150 周年学术讨论会，2016 年主办了金钺先生学术讨论会，2017 年将主办陈诵洛与沽上诗坛学术讨论会。这些历史人物不仅在天津有很大的影响力，在全国也多有名声。

2013 年 5 月承办的第十三届全国民间读书年会，更使得问津书院声名远播。在短短几天时间里，就有近百位来自全国各地的嘉宾出场，多场阅读主题活动轮番上演，并走访天津文化胜迹、名人故居，嘉宾热情撰文上百篇，会后编辑了《问津书韵：第十五届全国读书年会文集》，厚达 700 页，创造了历届民间读书年会之最。此外，意大利那不勒斯孔子学校和天津市问津书院还举行了互赠图书活动。

天津问津书院的成功，是多方合作的自然结果。以企业为依托，以内容为导向，以人脉为基础，实现了场地、资金、活动、产品的贯通，从而将其打造成了天津市乃至全国民间文化事业的一面旗帜、一个标杆。

任重道远

天津问津书院虽然取得了很大成功，但也存在着某些缺陷和先天不足，需要在今后的发展过程中加以弥补或改进，这样才能增强更持久的发展后劲。根据粗疏的观察和初步的思考，我认为天津问津书院需要在以下几个方面予以加强：

一是培植和增强自身的"造血"功能，逐步减低对外部资金供给的依赖。问津书院依托巷肆创意产业园，场地和资金都不必愁。但是，企业的经济效益和价值理念都存在着不确定性和未知的变数，这可能会对书院的未来发展产生不利的影响。因而，培植和增强自身的"造血"功能，应当成为书院未来一段时期工作的重心之一。从目前已经开发出的产品来看，实现书院自身的盈利是有一定基础的，如系列图书产品和文创产品，就可能有不错的市场前景，关键是要处理好公益性和营利性之间的关系。在我们习常的思维方式下，总是把公益性和营利性视为一对矛盾，总认为公益性就是纯粹的付出，而不追求任何经济上的收益。其实，这是一个很大的认识误区，即便是纯粹的公益行为，也要产生一定的运营费用，而这种费用是可以通过某些营利性的活动来加以补足的。

从另一个角度讲，文化产品的价值不只体现在精神层面上，更应该体现在物质层面上。优秀的文化产品需要通过市场的检验，需要通过市场交易行为来证明自身的价值，这符合马克思所说的劳动价值论。即以“问津文库”当中的某些品种为例，完全能够取得不俗的市场销售业绩，从而最大化地实现产品的使用价值。

二是改变单纯以个人兴趣为导向的产品生产方式，转向以主题策划与个人兴趣并重的产品生产方式。问津书院目前的最大优势是集结了一批志同道合的文化界同仁，这在前面已经阐述过。振良讲“问津文库”坚持三个运作原则，其中之一是因势利导，组稿从不“主题先行”，让作者完成最感兴趣的话题。翻译成我的语言，就是坚持个人兴趣导向。坚持个人兴趣导向的确能够激发参与者的积极性，使他们不计报酬地付出自己的努力。可是，完全坚持个人兴趣导向也有弊病，如人脉资源迟早是会枯竭的，因为围绕天津地方文史可挖掘的人才数量终归是有限的；再如，每个人的水平都是不一样的，水平较低的人做出来的东西会很难看，怎可入选？

如果说，在起步阶段坚持个人兴趣导向能够收到快速见效的结果，深入发展以后，完全坚持个人兴趣导向就会削弱发展后劲。所以，必须转变思路，转向以主题策划与个人兴趣并重的产品生产方式。主题策划与个人兴趣并不冲突，而且在主题策划的吸引下，可以进一步扩大参与者的队伍，提高参与者的水平层次，并实现与市场的对接。

三是要从单纯的民间运作转变为争取政府资源的支持。过去，像天津问津书院这样的组织被称为民办非企业单位。2017 年 10 月 1 日《民法总则》施行以后，民办非企业单位的称谓不复存在，而以非营利法人取代之。根据《民法总则》第八十七条的规定，非营利法人是指“为公益目的或者其他非营利目的成立，不向出资人、设立人或者会员分配所取得利润的法人”，包括事业单位、社会团体、基金会、社会服务机构等。按照这一规定，天津市问津书院应该归入社会服务机构之列。既然属于社会服务机构，问津书院就可以通过政府购买服务的途径获得政府的资金支持，以为政府承担起相应的社会责任。在这个意义上，问津书院与政府建立起平等的伙伴关系，既帮助政府完成其职能，又扩大了资金来源，这也是民办社会服务机构的一个发展方向。

四是要改革文献资料的内容供给方式和提供社会服务的路径设置。问津书院自定义为天津地方文献中心，有关天津地方文献资料的收集、储存和对外内容供给便成为了它的一项重要功能。如何使有需要的人尽可能方便、快捷地获取相应内容，当成为问津书院努力解决的一大难题。在数字化、信息化横行的当今社会，主题文献资料的收集不一定有多方便，但内容供给一定要方便快捷。因此，将收集到的天津地方文献资料进行分类整理并实现数字化转换，将是检验问津书院社会服务能力的一个重要指标。提供社会服务不一定是免费的，完全可以通过付费检索或阅读的方式来保持内容供给的高质量，进而增强可持续发展能力。

天津问津书院走过了五年的生长期。垂髫之年，而立之作，这是我对它的赞美；任重而道远，这是我对它的期许。

2017 年 10 月 8 日

一枝红杏出墙来

——问津书院与文化转型

罗文华

书院，在人们的印象中，是一个古典而悠久的名词。比起这种古典和悠久，天津问津书院成立五年，时间并不算长，但却如一枝出墙的红杏，以其骄人的成绩，引起世人的瞩目。作为问津书院的积极支持者和主要参与者之一，我与书院一起走过这匆匆而又充实的五年，颇为欣慰，也颇多感慨。

天津旧时曾有一座问津书院，它是天津历史上建筑规模最宏大、持续时间最长久、社会影响最深远的教育机构，在天津文化史上具有重要地位。清代乾隆十六年(1751)，大盐商查为义将自己在天津城内鼓楼西南隅一处旧宅地捐出，由长芦盐运使卢见曾督建而成一座书院。卢见曾将该书院命名为“问津书院”，他在《问津书院碑记》中说：“孔子之道犹海也……学者因文见道，譬如汎海者……不能达者皆不得其津者也。”书院以“汎海问津”之旨勉励学子刻苦学习。问津书院“延师选士”“肄业讲学”，为士子预备科举之所。直到光绪年间，该书院仍很兴旺。

光绪二十六年(1900),八国联军入侵,书院大部被毁。当代学者王振良先生延古更新,主持成立了新时代的问津书院,选址天津市河北区四马路巷肆创意产业园,2013年6月正式挂牌。问津书院致力于打造天津地方文化研究、交流、协作、推广的平台,以“追寻津沽记忆,守望文化家园”为主旨,积极推动天津历史文化资源的抢救、发掘、保护、宣传,同时大力推广全民阅读和营建书香社会。问津书院设立了公益书吧和地方文献中心;定期推出公益讲座“问津讲坛”,免费向社会开放;编印了大量有关天津历史文化的书刊、资料;以天津历史文化名人为主题,多次举办学术讨论会;主办了第十三届全国民间读书年会……问津书院在地域文化研究和全民阅读推广方面用力较重,成果颇丰,影响很大,口碑甚好,现已成为天津城市文化知名地标之一。

以旧问津书院为代表的传统书院,与以新问津书院为代表的现代“书院”模式,虽然处在完全不同的历史时期和社会形态里,具体功能和服务对象也有所差异,但两者有一个共同之处,就是都在社会发展的转折期和关键期对推动文化转型发挥了重要作用。

文化转型,往往表现为文化的变革和进步过程。文化转型的实质,是指特定时代特定民族或社会群体中主导性文化模式的新旧转换过程。具体到近百余年来的中国,文化转型就是由传统文化转变到现代文化。而传统文化之所以发生转变,一是其内部产生了某些新的因素,造成原有的文化结构失衡;二是传统文化遭遇外来文化的渗透和挑战。书院是中国古代民间教育机构,主要用来聚徒讲授、研究学问、刊印书籍。最初由富户、学者自行筹款,于山林僻静之处建筑学舍,或置学田收租以充经费;后来由朝廷调拨田亩和经费等,并派员参与管理,逐步变为半民半官性质的地方教育组织。书院出现在唐代，而兴盛于宋代，当时出现了一批著名书院，其中应天书院、岳麓书院、白鹿洞书院、嵩阳书院并称“四大书院”。天津的书院出现较晚，主要集中于清代。这是明清以来，天津的经济、文化地位日益突出，城市规模迅速发展，外地人口大量涌入的结果。在朝廷重视和加强控制书院的背景下，书院作为官办儒学的补充，发挥半民半官的优势，对推进天津教育事业起到了重要作用。正如《建立会文书院碑记》所记：天津“数十年来，科第之胜，甲于他邦，大抵得力于书院居多”。旧问津书院作为士子预备科举之所，地位和作用十分重要。晚清时期，各地书院兴起改革热潮。其内在的动力，源于清政府文化专制政策导致的书院教育衰败；而自 19 世纪中叶开始的近代社会转型，则构成了书院改革的外在动力。改中学之旧，立西学之新，成为晚清书院改革的中心内容。在外力的推动下，书院改革继承了传统书院改革的精神，同时出现了近代化的量变反应，实现着从古代到近代、从传统到新派两种不同价值观念的嫁接与融合，并促使书院借助西学之力向现代转变，对近代社会变迁产生了重要的影响。同治十三年(1874)，会文书院在天津城东门里仓廒前、文庙后筹建，并将儒学(文庙)后院房舍改为讲堂。光绪二年(1876)，会文书院建成。到了光绪五年(1879)，因应课的举人人数增多，天津知府马绳武责成商人严克宽、黄世熙负责，在儒学后院向外开拓，买民房数处，添建房舍、藏书室，并在书院内设立启蒙塾馆，即会文总塾和崇正总塾。主持会文书院修建的知府马绳武认为，天津原有的书院“皆为生童而设，孝廉不与焉”。因此会文书院办学之初，就提出要“专课举人”，教学特点鲜明。书院建成之初，经盐运使祝垲批准，“由运库杂款内，岁拨津蚨千缗，著为常例，作每年膏火、杂费之用”。此外，还有津门官绅捐赠，除了建造院舍和教学费用,“其余资发质库生息”,以备不急之需,“如再有不敷,仍由本府(天津府)筹款补足”。书院考课办法是,每岁课试日期,按运司、津海关道、天津道、天津知府、天津县令轮转,“每课奖赏,各官自备”。也就是说,由这些官府衙门轮流督考,并负责考课费用和奖金的筹措。

光绪二十八年(1902),著名教育家严修、林墨青等人将分散的私塾集中于会文书院旧址,创建了天津民立第一小学堂。会文书院系天津文庙利用自己在科举制度中的地位,并且提供庙内房舍,与社会力量合作,在官府的大力支持下,共同致力于“专课举人”的教学,成为官办教育与民办教育成功结合的范例,并为近代新式教育探索出了一种发展模式。以天津城内问津、会文两大书院为代表的天津传统书院,虽然无力改变、扭转和挽救千年科举制度在封建末世日渐式微的趋势,但它们的主事者审时度势,锐意进取,以“汛海问津”的励志精神和“专课举人”等改革举措,在经营好书院自身的同时,推动天津的教育体制和文化体制向更加注重实效、更加注重培养实际人才等积极的方面发展,极大地提升了清代天津教育事业和文化事业的发展水平,也有力地促进了近代天津成为中国教育转型和文化转型的试验基地和领先城市。

近五年来,新问津书院在继承和借鉴旧问津书院优良传统的同时,顺应天津改革开放新形势和新要求,整合社会各方面资源,努力创建和形成现代“书院”新模式。有关部门和研究机构重视不到或顾及不到的学术研讨会,问津书院认为有意义,便出面组织举办;出版社估计没有销量、怕赔钱的学术著作和文史资料,问津书院认为有价值,便以书院为编辑平台,联系作者与出版社进行合作出版。有益的结果已经证明,这些研讨会应该办,这些书应该出。问津书院的这些作为,有效地纠正了某些体制内的偏颇，弥补了某些体制内的欠缺，并且对文化体制的改革创新具有重要的启示作用。这也正是新问津书院在社会发展的转折期和关键期对推动文化转型发挥的重要作用。

问津书院五年来取得的初步成就，得到国家有关部门及市、区领导的肯定和好评，受到众多专家学者和广大市民的称赞。当今和未来相当长一段时间，建设中国特色社会主义文化，就是秉承中国的文化价值理念，坚持中国的文化立场，立足于当代中国的文化发展现状，思考和解决当代中国人关心的文化问题，提出中国的文化方案。问津书院的发展模式和发展方向，可以视为在文化方面的有益探索，其成功经验值得从事城市文化工作的部门和单位认真总结和研究。近年来，由于数字文化产业部门的超常发展，中国的文化产业已经跃入一个以数字化和网络化为先导的全新发展阶段，这是一个需要以新技术为基础、以新业态为引领、以新理念和新思路加以应对的新形势。由于数字技术和移动互联网的普及，逐渐形成了一个由两大体系构成的全新的文化生态环境：一个是由政府主导的、以广电等传统媒体为主要载体的、以在地硬件设施为主要形式的传统文化服务体系；另一个是以民间力量为主导的、以新兴媒体为主要载体的、以在线内容为主要形式的现代文化服务体系。这两大体系相互配套、相互支撑、日益融合，形成了全新的文化生态环境。问津书院所从事的地域文化研究和全民阅读推广等实践活动，与后者密切关联，更符合文化传承新形势，有条件尽快建立起有效服务于个人创意活动的、新一代数字化和智能化的文化基础设施，为个人提供丰富多样的民族民间文化资源的智能化服务，使几千年的优秀文化从田野、课堂、图书馆、博物馆中走出来、活起来，进入生活，走向世界。

文化建设的核心，就是满足人的精神需求。满足文化需求，则是满足人民日益增长的美好生活需要的重要内容。在这个方面，问津书院较少体制内长期积存的压力和负担，可以轻装上阵，大展宏图。还有一个话题，有的城市最近出台了关于保护利用老旧厂房拓展文化空间的指导意见，提出要保护利用好老旧厂房，充分挖掘其文化内涵和再生价值，兴办公共文化设施，发展文化创意产业，建设新型城市文化空间。根据北京市文化创意产业促进中心的调研数据，北京的老旧厂房尚有七成左右处于待开发状态。为避免盲目拆建、过度改造等问题，北京市明确要求要妥善处理“保”与“用”的关系，确立“该保则保、以保定用、以用促保”的总体原则。在“用”上，着眼解决公共文化服务供需矛盾，挖掘老旧厂房空间资源，承载文化馆、图书馆、博物馆、美术馆、实体书店、艺术影院、非遗展示中心等文化设施功能，提升公共文化服务保障能力。此外，还将聚焦文化创意产业创新发展，积极推动达到一定规模和符合建筑标准的老旧厂房资源向文化创意产业园区转型，对接导入高端项目资源，实现经济效益和社会效益相统一。天津新问津书院所坐落的巷肆创意产业园，即是保护利用老旧厂房拓展文化空间的范例。巷肆创意产业园的前身为天津橡胶四厂老厂房，是天津市重要的工业遗产资源。巷肆创意产业园利用城市再生理念，在保持厂房原有结构、形态和风格的基础上加以改造和创新，既延续了人们心目中的城市记忆，又赋予了其新的功能和定位，使老建筑重新焕发出新的生机与活力。巷肆创意产业园设计由中国和意大利两国优秀团队合作完成。该园目前已汇聚了多家中外企业。问津书院的设立及开展活动，成为巷肆创意产业园最鲜亮的文化招牌，使得企业文化内涵更加充实和丰富，亦为天津这座老工业城市的提升改造提供了一条可望成功的文化之路。

归结之余，心有所感，也给问津书院提出几点建议，希望书院在下一个五年中做得更好。

第一，着力推出文化大师和学术精品。清代的天津问津书院，以及各地真正有影响的书院，其最显要的旗帜和风标，就是拥有能够辉耀当世并被载入史册的文化大师和学术精品。如果说新问津书院过去的五年在这方面已经做了充分的铺垫工作，那么今后的五年应该开始有重点地扶持名家、大家，打造新名家，适时建立对精品力作的吸纳和奖励机制，进一步提升书院的学术水平和文化品位。

第二，努力形成新的特有的文风和学风。书院作为一支民间学术力量，有特长，有便利，在发展过程中也会存在一些短板，自然需要科研单位、大专院校和学术部门的支持和参与，但是应该注意避免"学院派"业已存在的某些弊端，更没有必要进入"学院派"固有的评价体系，以"学院派"的标准为标准。书院及其骨干学者只有形成新的特有的文风和学风，才能真正做到文化自信，从而自立于文化之林。

第三，丰富和充实藏书和藏品。经过五年的经营，问津书院已经初步形成天津历史文化资源保护和利用的基地之一。如果能够清醒地认识到天津城市历史的商业化特征和近代文明的重要性以及天津本土的文献资料具有的明显的局限性，从而更加重视搜集和利用与天津有关的海内外文献资料，更加重视搜集和利用文献资料以外的天津故纸类藏品及其他藏品，那会有助于将书院建成更加科学合理的现代文化服务体系，为研究者们提供更加丰富多样的文化资源服务。

“春色满园关不住，一枝红杏出墙来。”南宋诗人叶绍翁所表达的意思是，春色是关锁不住的，红杏必然要探出墙头宣告春天的来临。同理，一切新生的美好的事物也是禁锢不住的，它必能冲破任何束缚，蓬勃发展。借此诗句，祝贺问津书院业已取得的成绩，也祝福它未来获得更大的成功。

2018年1月

（载于2018年6月11日《天津日报》第12版“满庭芳”）

谭往有术

——地域文化研究与“问津机制”

张元卿

地域文化研究和文化机制的关系是个大题目，是理论文章喜欢涉及的话题，但地域文化理论并没有催生有效的文化机制，而实践中产生的文化机制又不能被理论研究者所关注，因此地域文化的实践和研究基本是脱节的。脱节表现在两个方面：一是实践落后于理论，二是实践超越了理论。这里只谈后者。

地域文化需要传承，但传承必要建立在有效的研究之上，而有效的研究又必须依托一个学术平台来展示和传播。以往的地域文化理论，多着重于研究用什么理论来研究地域文化，如何认定可传承的文化，对于如何搭建一个具体的传承文化的学术平台，并没有太多的关注，更没有提供可借鉴、可操作的实例。问津书院在当下城市化进程，特别是城市文化研究进程中的意义，就在于它是民间机构搭建的传承城市文化的学术平台，五年来的实践不仅为研究和弘扬地域文化提供了一个有效的例证，建立了一个可仿效的模板，更重要的是它摸索出了一个行之有效的文化机制，因这个机制出自问津书院的文化实践，故名之曰“问津机制”。

问津机制是以研究为中心，集研究、出版和传播为一体，多向互动的机制。

地域文化需要传承，就必须面对“过去”，而研究“过去”，把必须知道的“过去”谈出来，才能把必须继承的东西担当起来。这其中的关键，是如何把研究者认定的必须知道的“过去”呈现出来，用何种形式呈现出来。问津书院的办法是用刊物和丛书来及时汇集和呈现研究天津地域文化的成果。方形小刊《问津》是用内刊来集聚“小成果”，广泛联系作者。“问津文库”是以公开出版物推出系列丛书，把过硬的学术成果通过常规渠道推向社会。现在“问津文库”的总数已接近60种，研究天津地域文化的学者逐渐聚集到了“文库”的大旗下。这是以研究为中心的可喜成果。也就是说做地域文化研究，必须要有实在的研究，必须要有看得见的成果，不能只是空谈。

说到研究，一个民营书院如何才能有学术号召力呢？问津书院的成功，首先在于书院找到了一位既熟悉天津地域文化、学有专攻，又肯做学术义工的专家王振良，由他来组织学术活动。2008年王振良创办了民刊《天津记忆》，在做问津书院之前已出至一百多期。这个天津学者俗称的“小白本”集聚了研究天津地域文化的老中青三代研究者，其中有学院研究者，也有民间研究者，后来大都成为问津书院的有力支持者，有些人还成了“问津文库”的作者。这说明民营书院要有学术号召力，必须由专家来操持，必须有一个积累人脉的过程。

人脉积累起来，便存在一个如何利用人脉来做事的问题。问津书院在小刊和“文库”之外，及时推出了问津讲坛和问津学术年会，使得人脉成为循环流动的学术活水，而循环的中心就是问津书院。问津讲坛，每月一次，基本形式是一个人讲,大家听,单向传播。但因参与者多是和主讲人有私交的研究者,因此参加者不仅是学术信息的接受者,同时也是学术信息的携带者,在单向传播的同时,私下往往有双向或多向交流。学术是不是死水,就在于每月有无活水注入。以往缺乏讲坛这样的交流平台,研究者多各自为战,即便有交流,也很有限,在内容和频率上都无法和现在相比。更为关键的是问津讲坛把讲坛内容及时推向社会:一是演讲的核心内容及时转换成访谈文章在报纸上刊出, 最新的研究成果能在第一时间传递给读者大众;二是将演讲文章和访谈文章结集出版,及时转化成正规文献并进入“知网”空间。这样,最新的研究成果就及时进入了国家知识库。天津文化中的诸多“过去”经过这种“及时”处理,便不再是泛泛而谈,而成为可触摸的过去,可聆听的传统,可传播的知识……

年会是问津书院的年度盛会,当年的原创成果在此得以集体发声。年会是大家讲,大家听,多向传播,而会后出版的论文集则使年度研究精华随着出版物的流通实现了二度传播。年会论文集谈的都是必须知道的“过去”,所收文章各有所专,都有其独特的价值,但在我看来,它最大的价值不是汇集了一批有价值的文章,而是证明了一个学术机制的存在。

一个时代的学术进步,靠的是众多学人的集体努力,但如何才能使众多学人既能单兵作战,又有集体冲锋的平台,就必须要有个合理的学术机制,否则众多学人只是闭门造车,各自为战,分散努力,就形不成学术的合力,很难在文化上有创新和推进。“问津机制”是产生于学院外的学术机制,却并不排斥学院中人,而恰恰成了沟通体制内外学人的桥梁。通过这个桥梁,体制内外的学人在问津讲坛得以及时交流切磋,新史料、新问题、新方法在此得以碰撞交锋,研究空间在这种交流碰撞中得以拓展，天津地域文化研究由此异军突起，在地域文化研究中独树一帜。

谭往自然首先要有料，但如何才能将众人手中的料变成“学”，就必须强调“术”，而“术”就是机制。因此不仅要为将料变成“学”的研究者点赞，为参与“问津机制”运行的民间学人点赞，更要为实施“问津机制”的问津书院和设计“问津机制”的王振良点赞。因为你们的实践不仅丰富了地域文化研究的内容，创立了地域文化研究的机制，也为丰富和深化地域文化研究理论提供了有力的实践支撑。

2017 年 10 月 3 日于南京九乡河

说说“问津模式”

夏春锦

近年,陆续收到天津问津书院理事长王振良先生寄赠的《问津文库》和《问津》杂志,如果没有记错,文库已出了将近六十种,而杂志也已编印至五十期了。每次收到沉甸甸的邮件,心中总不免由衷地赞叹,还没有哪一座城市能像天津这样,依托民间的力量,通过系统地编印系列著述,将其城市的传统文化立体式地呈现在世人的眼前。

和振良先生更早之前主持的《天津记忆》一样,《问津文库》和《问津》杂志与固有的风格一脉相承,一以贯之地扎根于津沽大地,致力于城市文脉的追寻与弘扬。如果留意会发现,在每一本“问津”系列图书的封底都写着一句“追寻津沽记忆,守望文化家园”,这正是以振良先生为代表的津沽文化守望者孜孜不倦于乡邦文化研究的宗旨所在。

三年前,著名学者陈子善先生在一次会议上说,运行才两年不到的问津书院的运作模式“已经形成了一种范式”。又三年过去了，经过五年的不断摸索，可以说问津书院的运作已经达到了一个相对成熟的阶段，已经形成了地方文化研究中的一种“问津模式”。

区区以为，“问津模式”在以下几个方面对地方文化的研究、传承与推广提供了可资借鉴的宝贵经验，不揣简陋，略述如下：

一是能够保持地域性与学术性的契合，彼此生发，相得益彰。津沽文化是“问津模式”产生的深厚土壤，地域性特征是“问津模式”的底色，也是亮色，但如何让由此形成的成果保持较高的学术水准和价值，则颇不容易做到。这既考验参与者的研究水平，也取决于主事者的学术眼光。好在天津作为直辖市，人才荟萃，诸多高校及社会科学研究机构的存在一定程度上确保了稳定的研究者队伍。更为可贵的是，问津书院发现了一批活跃于民间的草根学人，在学院与民间之间以各种方式搭建起了交流的平台，实现了研究方法与内容的互补。张元卿在谈到王振良编《天津记忆》时提到了“两手都硬”，即在“关注民间学术成果”的同时，“却并不漠视学院研究者的存在及其取得的成绩”，“一边关注民间学人的研究状态，及时推介他们的研究成果，一边与学院研究者保持畅通的联系，积极推动学院研究者把体制内不认可的且无法搞好的研究，用业余时间做出来”。

二是公益旗帜下的官扶民办及资源的有效整合。问津书院作为公益性组织，其核心人物是《今晚报》副刊部主任王振良先生。他完全是在完成本职工作的情况下，利用业余时间主持问津书院的运行，如果没有一个像他这样对津沽文化怀抱热忱并极具奉献精神的人出面，问津书院势必无从谈起，更加难以为继。问津书院的诞生也是政府政策激发的结果。据振良先生介绍，2012 年 7 月，天津市的主要负责同志到河北区调研，提出要利用公园资源，建设高品位的城市书吧，并希望河北区能率先试点。此时问津书院的赞助者天津巷肆创意产业园也有意在其园区设立书吧，作为打造企业文化的载体。与此同时，振良先生个人亦有创办一个民办书院的想法，于是风云际会，三方一拍即合。此后，在政策、资金、核心人物均齐备的情况下，一个可以做事的平台就这样搭建起来。随着平台的出现，一群研究者及其研究成果就闻声聚拢而来，再加上媒体、出版社等资源的加盟，问津书院的运行日渐走向成熟。

三是重点围绕书香社会营造和天津文史研究开展活动，实现二者的有机联动。为此问津书院最早开设了公益书吧——双槐书屋，免费对外开放，吸引了大量社区居民和学生。还于2015年成功举办了第十三届全国民间读书年会，全国爱书人云集天津，就读书、藏书、阅读推广等话题展开了深入的交流。同时开设天津地方文献中心雅雨堂，资料数量稳步增长，藏书量已达四千余册。紧紧以天津历史文化为主题的问津讲坛每月定期举行，不仅形成了稳定的听众队伍，还将与讲座有关的文章编成《三津谭往》系列，每年一册，至今已出版三大册。每年还有一次问津学术年会，已成功举办多次，成为天津历史文化研究者期盼的盛会，根据年会编印的论文集《九河寻真》也已出版厚厚的三大册。此外，问津书院在创办《问津》和《品报》等自有杂志之外，还有力地支持了著名读书民刊《开卷》的持续发展，更是扶持了毛边书研究刊物《参差》的成功创办。

问津书院仅仅花了五年时间就取得了如此巨大的成就，实属不易。但我们也应该清醒地看到，“问津模式”的发展自始至终存在着瓶颈。比如作为公益组织的书院不具备自身任何的造血功能，经费几乎完全依赖企业的赞助。这就有必要加大政府的投入，从资金、政策，甚至制度等方面给予像问津书院这样的公益组织更加有力的保障。

值此问津书院成立五周年之际，草成此文，向以王振良先生为代表的天津地方文化守望者致敬。祝问津书院在下一个五年中百尺竿头，更进一步。

2017 年 7 月

问津书院的魅力所在

鲍迎秋

不知不觉中，问津书院已走过了第五个年头。至今，问津书院揭牌剪彩仪式的场景，仍深存于我脑海之中。当从问津学人侯福志先生的博客里知道著名学者冯骥才先生应邀为书院揭牌时，我的心里在为一个文化载体的诞生欢呼雀跃；当看到问津书院学者云集，主办人王振良先生气宇轩昂、信心满怀的样子时，我的心里又浮过一丝忧虑：从古至今，受传统私塾文化的影响，华夏大地的书院多如牛毛，多数书院都淹没在历史的尘埃之中，问津书院又将何去何从呢？

第一年过后，每月一次的问津讲坛和每年一次的问津学术年会，让我看到了书院的凝聚力和生命力。事实告诉我，问津书院的创办没有噱头，有的只是学者仁人之间的学术交流。

第二年过后，我又惊喜地拥有了几本问津书院编撰的口袋书——《问津》《开卷》《参差》，每一本都是问津书院赠与各地学人的，从撰稿、编辑、排版、印刷到邮寄，都饱含着问津学人的心血。凡此种种，皆与经济利益无关。

第三年，问津书院也顺应时代潮流，建立了自己的微信公众号和微信群，成员从最初的二十余人发展到今天的二百余人，几乎囊括了目前天津最活跃的地方史学者。在这个群里，大家多以文史话题作为沟通的桥梁和纽带，共同促进津沽文化的发展。

第四年，我在问津书院的群里从默默无闻的“潜水艇”逐渐浮出水面，成为了“巡洋舰”，偶尔撰写的书评得到学者的肯定，我也在问津书院群里结识了更多好友。人们都说见贤思齐，在各位师友的帮助下，我对津沽文化研究的好奇心和兴趣点更加强烈，研究探索的步伐也愈发坚定。

转眼间，问津书院即将走过第五年，我爱上了书院里的师友，我爱书院里的故事，我更爱书院的讲座和良好的读书氛围。问津书院是富饶而充盈的精神世界，是一个人摒弃小我实现人生追求的一片净土。问津书院已成为群贤毕至的场所，成为津沽文化研究与发展的基地，搭建了市民近距离与学者交流的平台，在继承发展天津文化亲民特点的同时，将津沽文化演绎成可以触摸的城市风景。

当我打消最初对问津书院发展的疑虑、回顾问津书院五年发展历程时，不由得思考问津书院的魅力所在。我认为主要有四个方面：

一是问津书院学术研究的开放性。学术研究群体最容易走上闭门造车的象牙塔之路。问津书院一方面为学者的研究提供向民间转化的研究路径，另一方面也能吸纳各家的研究之长，而且能让具有相同研究背景的学者相互交流，推动和促进津沽文化的深入开展。

二是问津书院文化的包容性。问津书院的文化是以天津文化研究为内核，学者团队中以天津学者为主，同时各地学者也能够聚集在书院的旗下，我所知道的就有北京、南京、四川、湖北、华北和东北地区的文人雅士。大海不择细流，问津亦是如此，问津海纳百川的胸怀不但成就了今天的事业，也为明天的发展奠定了良好基础。

三是问津书院同仁的自由性。做学问最怕被条条框框禁锢，在问津圈里做学问是幸福的。学者们到问津书院来去自由，围绕学术发言自由，讲座与学术活动可以参考个人时间进行“菜单式”选择。这样的组织方式，需要有极大的文化自信，问津书院做到了。这种不慕形式和规模的真学问团体，自然就赢得了更多志同道合人士的积极响应。真正的学问必然是小众的，小众的研究具有引领性才能推动大众文化的发展。

四是问津书院活动的公益性。名利社会焉能不为名利所动？问津书院以白莲般的品格做了很好的回答：作者无偿给问津书院提供稿件，问津书院的支持者从来不提回报，印发“问津文库”丛书以及各类内部资料，赠送给有需求的研究者和爱好者。在这一系列工作中，问津书院没有任何私利。问津书院为学者的发展提供了平台，学者们也在这个平台上促进了问津书院的文化传播。

静观问津书院的发展步伐，我也慢慢地将自己融入到问津文化之中，以成为问津书院的一员为荣。我愿意在传播问津文化，促进北京与天津文化协同发展上努力做一些事情。

2017 年 7 月

旁白

问津三实：朴实·扎实·坚实

——“问津”系列带来的喜悦

萧文立

人类历史走的是“之”字形道路，用今日早已无人再用、几十年前在中国可谓家喻户晓的话说，那就是螺旋式上升（其实上升下降进步退步纯粹是主观感受而不是客观实在，说螺旋式发展或螺旋式道路其庶几矣），学术问题不能例外。晚清以来中国学术界就一忽儿推崇谈玄大讲心性，一忽儿推崇史料专重实证，一忽儿唐诗，一忽儿宋诗。孔老夫子就感叹说“中庸不可能也，惟君子能时中”。现而今，一窝蜂宏观比较中西优劣、满天下张口闭口与世界接轨的思维洪水正逐步退潮，推崇传统、讲究实学、重视乡土的文化潮流将逐步取而代之已经成为共识，但究其实，仍是虚张声势者多而实在工作者少。王振良先生和他主持的天津市问津书院与“问津”书刊系列，就是这罕见的崇实者一派的代表。“问津”书与人的特征，大概可用“三实”概括，就是作风朴实、工作扎实、成效坚实，一言以蔽之曰：“实而已矣。”

第一说作风朴实。王振良先生长期在天津从事地方文史研究事业，不但身体力行，而且能逐步集合同人，允推领袖。问津书院从2013年成立开始，已经形成宏大规模产生深远影响，成为民间在学术领域自力更生创业成事的典范。尤其难能可贵的是问津同人埋头苦干不作吹嘘，春华秋实自然成长。

民间读书界这十几二十年来，在相当一部分以读书人自居自高更互相标榜者看来，是颇具些神仙气息不食人间烟火的。读书竟成为一种界别，我至今仍百思不解。虽然许多人寄饮食男女于读书，虽然有更多人根本不读书(因为不能不必不想寄饮食男女于读书)，但无论如何，读书只是学习的一种手段，进而言之，是一种生活乃至生存方式，如是而已，万万不能成为一种姿态，尤其不能搔首弄姿，以读书而自高自大，以读书而自成一界，区别于其他不读书的“俗人”。果真有此心态，读书也就和穿名牌、驾名车、喝名酒、追明星、傍大款等俗人俗事等同，成为所谓时尚界的一种，那可和读书的本意有云泥之别。圣人早有明言，“不有博弈者乎？为之尤贤乎已”，这是孔夫子痛恨那些饱食终日无所用心的人，替他们难过，认为如此混日子，还不如下棋打牌，也能消磨心思启迪智力。读书研究学问当然要有益于人事，但读书人首先要有贤乎博弈的精神，千万不要自高自傲，自以为多么了不起，如此才有望做出些或大或小力所能及的成绩，庶几有益于己于人。抱定如此态度者，才能沉下心来认真读书努力做学问踏实做事，而不是将心思精力都花费在高调亮相搏出位造声名上。其实，高调亮相的所谓的民间读书界成绩寥寥乏善可陈，书话作为其代表文体一时泛滥至今不衰，绝大部分水平等同于中小学生读后感作文，不但缺乏识见，连资料掌故都说不上，更别指望有什么文笔，能表达出什么情感心志，实在近乎文字垃圾。

问津书院无疑是属于所谓的民间读书界的，但作出厚重成绩的王振良和问津同仁，却明显和如此这般的民间读书界不同，他们在亮相上低调得很，精力都投在踏实做事上，终于结出累累硕果，为虚火高热的民间读书界挽回一点面子，创造一些声誉。

低调不是一种姿态，而是一种存在本色，是保持读书人本分、坚守质朴平实的本色。不招摇（拉帮结伙互相吹捧），不作秀（搔首弄姿专讲卖相），不摆姿态（姿态一是身段上，二是本质上。自居不高人一等，不自居精神贵族，不以读书作炫耀，不追求什么启蒙的轰动效应），清水芙蓉本色示人，这些是“问津”系列书刊、问津书院及其灵魂人物王振良先生的整体风格。我以为，这种朴实踏实的整体风格，是中国传统真读书人的本色，在现如今讲究大造声势、但图虚名而不计实际的网络世界，已经成为日益稀缺的宝贵资源，是在纪念问津五周年时，读书人最应该纪念并且深刻反思切已践行的所在。如此纪念“问津”才有实际意义，而不是流于形式，变成一种虚应故事乃至借机铺排大造声势。

王振良先生的作风朴实，只需举一不起眼儿的小例。《问津》丛刊每期都有他的前言或后记，篇幅简短、文字平易、平实纪实，说不上什么文采，不过说明前因后果或者整理心得之类，丝毫看不出露已扬才、虚张声势、拉帮结派的风气，倒是仿佛嗅出些北方学者朴实厚重的传统气息。“问津”系列书刊的朴实，可以从《问津》丛刊朴素的装帧看出，可以从《问津文库》厚重到几乎笨拙的装帧上看出。铅华落尽素面朝天，带给读者内在的真正喜悦。

第二说工作扎实。孔夫子所谓“为政不在多言，但力行何如耳”，其理通于一切人事。饭是一口一口吃的，路是一步一步走的，事业是一日复一日刻苦努力成功的。只有扎扎实实、稳扎稳打、长期坚持的去做，才有可能成就一番事业(不论大小)。王振良和问津同仁的工作就是如此，为眼下中国所谓的民间读书界作出了表率。

王振良是职业报人，从事地方文史研究事业只是业余爱好，许多问津同仁同样如此，而短短五年，问津书院的文化实体、《问津》《品报》《开卷》《参差》四种内刊、洋洋大观的《问津文库》，乃至丰富多样的讲座研讨、书吧与研究资料中心，有条不紊地一一呈现在大众面前，问津书院竟然成为天津的文化旅游目的地，真可谓硕果累累蔚为壮观。离开刻苦自励、扎实肯干的工作作风，可能吗？

举两个最明显实在的文献工作的例子。《问津》丛刊自 2013 年以来年各一卷，截至 2016 年底，共出 4 卷 48 期，虽然不能按月及时出版，但按年累计并不缺期，一人之力难能可贵。《问津文库》从 2014 年 8 月出版第一种《沽帆远影》，到 2017 年 5 月出版的《口述津沽：民间语境下的西沽》，一共 56 种，这不过短短三年时间而已。

第三说成效坚实。作风与工作，一是态度一是行动，都是手段而不是目的，成效才是目的。借用前些年流行甚广、近两年销声匿迹的一句流行语，就是“要将好事办实，实事办好”。王振良和问津同仁最为坚实、最有成效、最具影响的工作成绩，应该是《问津》丛刊和《问津文库》系列丛书。

《问津》丛刊 4 卷 48 期大略可归纳为 8 项：

一、地方史口述实录调查报告 4 种

原住民口中的西沽(2013 年第 1 期)

原住民口中的西沽(续)(2014 年第 6 期)

天津市妓户妓女调查报告(2015 年第 1 期)

我的地震记忆(2016 年第 7 期)

二、地方实业研究 3 种

津门烟话(2013 年第 5 期)

天津典当业(2015 年第 5 期)

南市的小店铺(2016 年第 2 期)

三、民俗研究 7 种

天津吆喝(2013 年第 2 期)

津门小令注(2013 年第 3 期)

天津的时令习俗(2015 年第 8 期)

天津的饮食习俗(2015 年第 9 期)

天津的居住习俗(2015 年第 10 期)

天津的商业习俗 天津的服饰习俗(2015 年第 11 期)

天津的生育习俗 天津的妈妈例儿(2015 年第 12 期)

四、民间文艺 2 种

海下文武高跷(2013 年第 4 期)

玉堂曲艺集(2013 年第 8 期)

五、方言土语研究 3 种

《津门艳迹》中的天津土语(2016 年第 1 期)

天津抄本小说中的方言俗语(2016 年第 3 期)

天津土语拾零(2016 年第 12 期)

六、人物研究 8 种

慎始基斋琐谈(2013 年第 11 期)

水西庄人物(2013 年第 12 期)

华粹深纪念集(2014 年第 2 期)

思闇学行录(2014 年第 11 期)

耕堂记忆(2013 年第 6 期)

忆弢盦(2014 年第 9 期、第 10 期)

街坊人物志(2016 年第 9 期)

阿英在天津(2016 年第 11 期)

七、诗文集 11 种

待起楼诗稿(2013 年第 7 期)

卢木斋文存(2013 年第 9 期)

一沤阁诗存(2013 年第 10 期)

莲品诗钞(2014 年第 1 期)

邵冠祥集(2014 年第 3 期)

剑庐诗存(2014 年第 8 期)

止堂吟草(2014 年第 12 期)

珠贝集(2015 年第 4 期)

卢星野先生诗存(2016 年第 4 期)

行吟集(2016 年第 6 期)

翠槐堂诗集(2016 年第 8 期)

八、史料笔记 8 种/学术笔记 1 种

崇化杂忆(2014 年第 4 期)

藤荫馀话(2014 年第 7 期)

穿芳峪史话(2015 年第 2 期)

野老闲谈(2015 年第 3 期)

沽水旧闻录(2015 年第 6 期)

朋谈杂记(2015 年第 7 期)

蟫香馆别记(2016 年第 5 期)

梁范馆谭屑(2016 年第 10 期)

日新录(学术笔记)(2014 年第 5 期)

《问津文库》是名副其实的系列丛书,包括:

一、天津记忆(地方史研究与资料)24 种

二、通俗文学研究集刊 7 种

三、三津谭往(讲坛论文集)3 种

四、九河寻真(年会论文集)3 种

五、津沽文化研究集刊 6 种

六、津沽名家诗文丛刊 6 种

七、津沽笔记史料丛刊 4 种

八、随艺生活三种(书话之类与天津无关,故作为附录)

根据这两份简目,可以将问津同仁治学的趋向和特征大略归纳为三点:

其一是主题集中内容广泛。以天津地方文史资料与研究为范围,凡是天津地方发生的一切历史现象,无论宇宙之大苍蝇之微,无论政治经济文化民俗,无论宏观研究微观叙事,一网打尽无不包容。研究事件,则既有《大地史书:地质史上的天津》这样的自然史,也有《与山河同在:天津抗日杀奸团回忆录》《碧血英魂:天津市忠烈祠抗日烈士研究》《八年梦魇:抗战时期天津人的生活》这样的人类政治社会史,还有《荏苒芳华:洋楼背后的故事》《津门书肆记》这样的文化史,更有《口述津沽:民间语境下的堤头与铃铛阁》这样的社会风俗史。研究的人物则政治领袖、文化才俊、民间奇人无不网罗。因为民国时天津曾与上海并驾齐驱,为北方大商埠,民间通俗文学鼎盛一时,所以专设《通俗文学研究集刊》一种作全面具体深入细致的个案研究。因为天津是各国租界麇集之地,所以有《都市镜像:近代日本文学的天津书写》《津沽漫记:日本人笔下的天津》的出版。

其二是体裁多样文献并重。征文考献是文献学的两翼,献即贤也,本指耆老,今或可扩充为一切历史事实的亲为者亲历者亲闻者。"问津"两系列,专著、论文集、笔记日记史料、诗文集、口述实录、调查报告无不兼收并蓄,是包罗万象的地方文献丛书。

其三是材料丰富眼光独特。"问津"两系列所收书各有特色,但都是言之有物、不厌琐细、以史料为基础与主干的实学著作,没有大而无当的空谈,在提供宝贵史料的同时,也为深入研究提供可靠的资料来源。不少著作研究视角比较独特，如《天津的生育习俗 天津的妈妈例儿》《故纸温暖：老天津的广告》，尤其《津门开岁：徐天瑞日记解读》，通过普通人对当时的记录研究天津在新中国成立前的情况。

就作者本人的眼界看，目前非官方性质的读书同人团体即所谓民间学术团体，卓有实效者形成鼎足而立三分之势。按时间先后为序，首先是山东济南自牧（邓基平）先生及其《日记杂志》，其次是浙江慈溪童银舫、励双杰诸先生的上林书社《上林文丛》，一发源于中原文化母邦齐鲁，一兴起于中华文化鼎盛之乡江浙，一关心日记一种体裁，一关注慈溪一地读书人。“问津”在文化资源远较齐鲁江浙落后的天津异军苍头突起，专心壹志关注乡土文化，颇有些譬如积薪后来居上的势头，而且目前看来可谓厚积薄发发扬踔厉正未有穷期，实在可喜可贺。他们三派都是民间学者自发自主自为的行为，持之以恒将开辟学术发展的周行大道，至少是为王前驱。

同人语出《周易》，云同人于野，君子以类族辨物。同人于野，亨，利涉大川，利君子贞。《彖》曰：柔得位，得中而应乎干，曰同人。文明以健，中正而应，唯君子为能通天下之志。得中应干，文明以健，通天下志，这是当今民间同人学术团体应当努力的方向，揭此为问津事业五周年贺，悬此与问津诸君子共勉。

2017 年 6 月

《问津文库》中的北派通俗文学研究

倪斯霆

最近几年，在沽上享有150年盛誉的清代问津书院，在王振良等人的积极奔走与主持下，已恢复重建并持续开展学术活动。2013年春天，振良兄找到我，告知他欲在书院的基础上，打造一套大型系列乡土文化丛书《问津文库》，这其中就包括"通俗文学研究集刊"项目，并嘱我撰写民国武侠小说大宗师还珠楼主的传记。我当时便说，这是功在当下、惠于久远的一件大好事。随着近年文学史研究资料的逐渐解禁和人们思想的进一步解放，此前的民国文学史抑或中国现代文学史之"左翼"框架，已遭到了广泛质疑。作为在"文学革命"及"五四"新文学影响下迅速发展壮大起来的无产阶级左翼文学的"对立面"，承继着中国传统文学"讲故事"神韵且拥有庞大读者群的民国通俗文学走进中国现代文学史，将是历史的必然。虽然目前争论仍在继续，客观公允地集新文学与通俗文学于一体的权威性中国现代文学史的框架尚难形成，但重写中国现代文学史，则已是当下学界的共识。

其实,有关通俗文学尤其是通俗小说进入中国现代文学史或小说史的争论,亦非今日之事,其由来已是甚久。抛却“十七年”左翼文学“一边倒”和“文革”十年“鲁迅走在金光大道上”,仅从新时期以来考察,我们也会发现,这种争论的尖锐与持续。1980年,由教育部统一组织编写的高校文科教材《中国现代文学史》(唐弢、严家炎主编,人民文学出版社,1979年6月至1980年12月初版)三卷本终于出齐,民国通俗小说大家张恨水也终于首次以“正面人物”进入“官修正史”。尽管其主编之一唐弢先生后来有如下解释:“从‘鸳鸯蝴蝶派’蜕变过来的张恨水,用新的艺术构思写成的爱国主义小说,例如《八十一梦》,应当提及,别的可以不谈。”(唐弢为严家炎《求实集》所写之序,北京大学出版社,1983年11月初版,第4—5页)这部文学史首卷甫一推出,便引出姚雪垠先生异见:“民国初年和‘五四’以后的章回体小说家,也应该将其中较有成就的在新文学史中加以论述。”(《茅盾姚雪垠谈艺书简》,姚海天编,人民文学出版社,2006年6月初版,第130页),并由此引发王瑶、严家炎、唐弢等先生的争论:以严家炎、姚雪垠为代表的一方认为现代文学史本应包括对“鸳蝴派”等旧体章回小说的客观评判;而以王瑶、唐弢为代表的另一方则同意现代文学史在开拓研究范围的同时,坚决反对将“鸳蝴派”等旧体章回小说正面写入。但是,唐弢版文学史对张恨水的突破及由此引发的“四老之争”,为后来现代文学史的破冰和秩序重建贡献了语境基础,是毋庸置疑的。此后,随着1985年5月北京万寿寺中国现代文学馆青年学者“创新座谈会”的召开,1988年毛时安、王晓明、陈思和三人所主持的“重写文学史”专栏在《上海文论》上的首次推出,以及《今天》杂志自1991年起在海外持续10年的有关“重写文学史”的再讨论，等等，无不涉及“鸳蝴派”等旧体章回小说的入史问题。虽然争论始终存在；虽然冲突均是不了了之；虽然至今难有官方定论。然而其造成的现实却是“1980 年代的‘重写文学史’使‘文革’后的中国现当代文学学科脱胎换骨，完全进入另一条历史轨道，现当代文学学科因此重新洗牌”。（程光炜为杨庆祥《“重写”的限度》一书所写之序，北京大学出版社，2011 年 5 月初版，第 2 页）这种“脱胎换骨”“重新洗牌”的标志之一，便是“鸳蝴派”等旧体章回小说终以“琵琶遮面”的姿态挤进了几部新出的中国现代文学史或中国现代小说史（以下简称“两史”）。当然，“两史”给予它们的位置尚是“附骥”末席，所持观点、史料也多是陈陈相因。而且这些“两史”多为高校集体项目，官修者至今未见。

虽然“两史”情况已如上言，但在民国通俗文学学科自身的研究上，多年来却是日渐繁盛，亮点频出，一批卓有见地的现代通俗文学研究成果已然生成。按照目前学界共识，民国通俗小说分为南北两大阵营。南方起步较早，以上海与苏州为中心，作品直接承袭晚清小说遗风，在民初至 20 世纪 30 年代中期以前，曾经着实地“热闹”了一番。据资料统计，此时期南派通俗小说仅作者便有 500 人之众，而作品则数以千计。但经过半个多世纪的筛汰，能够流传下来并在今天的读者中产生影响者，却只有海上漱石生、平江不肖生、李涵秋、顾明道、程小青、平襟亚、陆士谔、秦瘦鸥等人的寥寥几部作品。北方通俗小说起步较晚，20 世纪 30 年代以前，当南方的通俗小说写作已经沸沸扬扬之时，京津一带除董濯缨、董荫狐、赵焕亭、张恨水、陈慎言、潘凫公等几人操觚鬻文外，基本上是一片沉寂。直至 20 世纪 30 年代以后，随着刘云若、还珠楼主、戴愚庵、白羽等人的崛起，方才使北方通俗文坛出现转机。他们的作品在当时的京津报刊一经发表，旋即引起人们的广泛注意。虽与南派相比，他们人单书寡，但却佳构迭出，以少胜多，很快便与南派分庭抗礼，平分文坛秋色。此后不足几年，随着郑证因、王度庐、李熏风、李燃犀、徐春羽、李山野、耿小的、朱贞木等人的出现，北派通俗小说遂由北入南，迅速风靡海上文坛，并以质量尚高一筹而使南派作品相形见绌，终将民国通俗小说创作推上了高峰。如果说民国时期通俗小说创作肇始于南方，并统治着20世纪初到20世纪30年代中期以前通俗文坛的话，那么自20世纪30年代中期以降至40年代末，则是北派作品一统天下并使通俗小说创作达到成熟与辉煌的时代。而在继南派之后联翩而起的北派作家群中，绝大部分作者又与天津有着密不可分的关系。他们或从天津开始写作；或在天津发表作品；或于天津创办报刊；甚至有些人本身就是天津土著。因此，称天津为北方通俗小说创作与出版的中心并不为过。

往昔的靓丽风景已为今天的重温提供了广袤时空，然而对当年成熟与辉煌的北派通俗文学的研究，我们走的却是一条从“山重水复”到“柳暗花明”的曲折迂回之路。在此，我们不妨对这一路径作一回望——1949年以降的前30余年，对北派作家生平史料的挖掘、研究，除1962年上海文艺出版社出版魏绍昌所编《鸳鸯蝴蝶派研究资料》（上海文艺出版社1962年10月初版）中稍有涉及外，其余皆为空白。该项目的重新萌动，起步于20世纪80年代。1982至1989年间，天津民国老报人吴云心先生以“过来人”身份，在内部刊物《天津新闻史料》与《艺术研究》上，分别连载了一批回忆北派作家的文章，是为今日北派作家集体生平史料挖掘之滥觞。比吴云心先生稍晚，著名学者张赣生先生于1987年在《河北大学学报》发表了《中国武侠小说的形成与流变》一文，其中对还珠楼主、白羽、郑证因、王度庐等民国北派武侠名家的生平及作品之轩轾均见地不凡，实乃当今方兴未艾之北派作家与作品研究的奠基之作。在此基础上,1991 年张赣生先生又推出了学术专著《民国通俗小说论稿》(重庆出版社 1991 年 5 月初版),该书对北派作家生平与作品的评骘,堪称空谷足音,其权威性至今难以超越。此外,苏州大学徐斯年教授对北派作家王度庐生平及作品的挖掘与研究,亦堪称典范。他自 20 世纪 80 年代中期开始关注王度庐,并在 80 年代末发表专题论文《梦魂驱铁骑 孤剑下昆仑——王度庐及其"鹤—铁"系列侠情小说》(载《中国现代文学研究丛刊》1989 年第 2 期,第 95–111 页)的基础上,最终推出了《王度庐评传》(苏州大学出版社 2005 年 12 月初版),立论公允,史料翔实,开启了为北派作家写"评传"之先河。进入 20 世纪 90 年代,对北派作家生平史料的挖掘、研究,渐入踵事增华的局面。先是笔者在吴云心先生的影响与张赣生先生的指导下,开始涉足此领域,于 90 年代初先后写出了一批钩沉北派作家生平与作品的文章,诸如《赵焕亭一部未被著录的小说》《宫白羽的第一部武侠小说》《也说天津刘云若》《王度庐和他的"侠情小说"》等(前三篇发表于《今晚报》1990 年 12 月 27 日、1991 年 4 月 9 日、1992 年 11 月 30 日;后一篇发表于《星》文化月刊 1991 年 5–6 期合刊),在报刊上发表后引起同行及作家后人的热烈反响。此后,随着张元卿、王振良、郭武群、侯福志、胡立生、顾臻等学者在 20 世纪 90 年代中后期开始持续发力,北派作家生平史料的挖掘与作品研究开始出现"盎然"格局,至新世纪前十三年之末,已出现了多部成系统的著作。这其中较有代表性者如《天津现代文学史稿》(郭武群著,天津社会科学院出版社,2000 年 8 月初版)、《民国北派通俗小说论丛》(张元卿著,山西古籍出版社,2001 年 2 月初版)、《漫拂书尘》(张元卿著,上海远东出版社 2009 年 2 月初版)、《天津民国那些书报刊》(侯福志著,上海远东出版社,2009 年 11 月初版)、《旧人旧事旧小说》(倪斯霆著,上海远东出版社,2010年3月初版)、《旧文旧史旧版本》(倪斯霆著,上海远东出版社,2012年7月初版)等。

此等局面的出现,一方面实证了对民国北派通俗文学的挖掘、研究已有阶段性成果;另一方面也显示出了此前的挖掘、研究尚属"散兵游勇"的"各自为战"阶段,此刻如无新的助推平台出现,此领域的研究必将进入杂乱无序的徘徊阶段。而恰恰是在此时,由王振良兄主持的大型系列乡土文化丛书《问津文库》中的"通俗文学研究集刊"项目开始启动。从2013年开始,该项目经过审慎论证和合理安排,至今已陆续推出了七部北派通俗文学研究专著,计为《望云谈屑》(张元卿著,天津古籍出版社,2014年8月初版)、《还珠楼主前传》(倪斯霆著,天津古籍出版社,2014年11月初版)、《品报学丛 (第一辑)》(天津古籍出版社,2014年12月初版)、《云云编》(张元卿编,天津古籍出版社,2015年12月初版)、《品报学丛(第二辑)》(天津古籍出版社2016年1月初版)、《刘云若评传》(天津古籍出版社,2016年10月初版)、《郑证因小说经眼录》(胡立生著, 天津古籍出版社,2017年4月初版)。

《问津文库》中的"通俗文学研究集刊"项目推出的北派研究成果固然可喜,但与南方以苏州大学为核心的研究团队第一步挖掘资料(以南派为主);第二步编作品选(以南派为主);第三步撰写评传(以南派为主);第四步出版类型史;第五步推出《中国近现代通俗文学史》(范伯群主编,江苏教育出版社,2000年4月初版)与《中国现代通俗文学史(插图本)》(范伯群著,北京大学出版社,2007年1月初版)并召开国际学术研讨会(范伯群教授总结,括号内为本文作者所加。详见《品报学丛》第二辑,天津古籍出版社,2016年1月出版,第8-9页)相比,北地天津显现出的差距仍是明显。有鉴于此，笔者在此谨对《问津文库》中的“通俗文学研究集刊”项目献言如下：

一、利用现有的资源与平台，大力挖掘晚清及民国时期京津大小报刊上的通俗小说评论、通俗小说出版信息、通俗小说作家自述、通俗小说作家活动情况等原始资料，将其分类编辑出版，由此形成天津抑或民国北派通俗小说研究的第一手史料。

二、利用现有的资源与平台，大力挖掘晚清及民国时期京津大小报刊上的通俗小说连载，以及京津沪等地各出版社出版的北派作家的作品，经过评判筛选，剔除目前已由其他出版社出版的作品，选择具有代表性的作品，整理出版，以裨研究人员得见全貌。

三、将晚清及民国北派通俗小说作家按一定标准分出等次，按照重轻急缓顺序，约请相关领域权威研究人员分头撰写人物传记，分辑出版。

四、将晚清及民国北派通俗小说作家按一定标准分出等次，按照重轻急缓顺序，约请相关领域权威研究人员分头撰写作家作品评论，分辑出版。

五、在以上基础上，约请此领域权威专家，或一人或多人，开始撰写天津抑或民国北派通俗小说史，同时申请天津或国家的社科研究项目的经费支持。

毋庸置疑，方兴未艾的中国现代通俗文学研究目前已成学界的新亮点，并已引起国内有关部门的高度关注。据说主管国家高校教材的权威部门近年便已召开多次会议，研究落实民国通俗小说作家作品进入高校教材的工作。而在一些国家重点院校，现代通俗文学已成中国现当代文学专业博士生的研究方向。这一方面是学术界思想解放拨乱反正的具体体现；另一方面也是民国通俗小说名家名著魅力使然；但最重要的则是这些年来南北两地研究团队不懈努力的结果。相信随着一些高校学报上大众文化与通俗文学研究板块（如《苏州教育学院学报》便辟有“中国通俗文学与大众文化”板块，《西南大学学报（社会科学版）》也辟有“中国侠文化”板块的不断开辟，民间研究团队所办各种通俗文学研究集刊（如天津市问津书院所编《问津文库》中的“通俗文学研究集刊”项目）的不断涌现，中国现代通俗文学走进国家级“中国现代文学史”指日可待。

2017年9月3日于双牛堂

《问津文库》的乡邦文献整理

曲振明

中国人都有恋乡情结，重视乡邦文献的搜集，因此方志多设《艺文志》，著录或搜集前人著述。问津书院以“追寻津沽记忆，守望文化家园”为宗旨，在重视津沽文化研究的同时，深入进行历史文化挖掘，开展乡邦文献的整理，为天津历史文化推广与保护做出了重大贡献。

天津历史文化整理源远流长。道光以来，天津诗人梅成栋、华鼎元，先后整理了《津门诗抄》《天津文钞》等，对乡邦文献整理的贡献突出。进入民国以后，乡人借助编修《天津县新志》，又开始重视文献的搜集与整理。高凌雯《天津县新志·艺文志》：“忆自庚子之乱，乡人遗著半就散亡，洎乎西学东渐。耳目乖异，陈编所在有弃若土苴者，人谓‘文字沉霾，其祸甚于兵燹’，非过论也。”嗣后，在著名的刻书家金钺的努力下，先后有《天津诗人小集十二种》《天津文钞》《屏庐丛刻》《金氏家集》等前人著述问世，为后人研究提供了帮助。

新中国成立后，地方文献的收集整理大多由私家进行。其中金钺先生、龚望先生于1994年请刘炎臣、李凤池先生点校印行《刚训斋集》，又在朋友资助下将所存《梅树君先生文集》印刷，还有由邱学士辑、龚望与刘炎臣整理的《梅树君先生年谱初稿》。真正意义的文献整理，是1986年天津古籍出版社草创之际陆续推出的由来新夏先生主编的《天津风土丛书》。该丛书共出七种，有1986年张守谦点校的《敬乡笔述》《津门杂记·天津事迹纪实闻见录》；1987年张宪春点校的《沽水旧闻》、张仲点校的《梓里联珠集》、卞僧慧点校的《津门诗抄》；1988年张格、张守谦点校的《天津皇会考·天津皇会纪·津门纪略》，1992年卞僧慧、濮文起辑录的《老天津的年节风俗》。除最后一部外，其余皆为对古籍原书的点校整理。此次编辑丛书的目的是"不仅可资掌故谈助，也可备编写方志的采择"，"还可供旅游者参考"，因此偏重于"记一地风土人情、逸闻琐事"之书，起到"保护地方文献，提供乡土资料和介绍天津历史风貌等作用"。公平地说，这套风土丛书作用是不可估量的，但这次整理多为存世较多的成书，大都为通行的版本，缺乏古籍整理的深度、广度和新鲜度，并且未形成持续性。

近年《问津文库》对地方文献的整理，侧重两大类型：津沽名家诗文丛刊和津沽笔记史料丛刊。前者先后完成了《王南村集》《严范孙先生古近体诗存稿》《星桥诗存》《退思斋诗文存》《待起楼诗稿》《刘大同诗集》，后者则完成了《严修日记》《桑梓纪闻》《天津乡土志辑略》《周武壮公遗书》等。在短短三年多时间形成这么多的成果，应该说是前所未有的。概括起来，有这么几个特点：

首先，广泛借助社会群体进行研究。古籍整理是一项枯燥而繁琐的工作，其不仅需要读懂文言文，还需要精通古文断句、文字辨识以及历史典故、文史常识等。与《天津风土丛书》的文献整理相比,《问津文库》有了很大进步。前者皆为社会名宿硕儒,但年岁整体偏大,社会活动也多,承担繁琐枯燥的古籍整理工作,不免捉襟见肘。而后者参与的人更加广泛,多为专门领域的研究者、收藏者及其后人。如《王南村集》的整理者宋健是王瑛研究专家,《严修日记》的整理者陈鑫是严修研究专家,《待起楼诗稿》的整理者张元卿是刘云若研究专家,《周武壮公遗书》的整理者刘景周是周盛传研究专家。这些整理者都有相当的古文知识,且能自己打字,独立整理。整理者还多为收藏者,对原著有着深入的阅读体验。

其次,注重整理底本的选择。《问津文库》文献整理注重手稿和珍稀版本的选用。在历史文献之中,手稿的价值非常大,其在对历史人物、事件的研究中起到的作用是不可估量的。文库重视手稿的挖掘,如《严修日记》,此前原稿曾有两次翻印,但对大多数人来讲存在文字辨析、断句、解读的困难。此次陆续出版,为严修研究提供了方便。《刘大同诗集》之前,1993 年吉林有《刘大同集》问世,但是由于时间仓促,内容并不完整,如《吁集》仅作选编,《砚乘》是原稿照登。此后,其后人又发现部分刘大同的手稿,此次整理全部做了断句,应该说是更上了一层楼。另外,《王南村集》和《待起楼诗稿》,也都是研究者多年搜集整理的结晶,属于集大成式的成果。我整理的《星桥诗存》,公藏单位少见,而且皆不全,而我存有一编、二编,王振良先生存有三编,此次将我们的收藏合在一起成为全璧。这些借用社会群体力量开展文献整理的尝试,既抢救了历史文献,又为收藏者和研究者提供发挥专长的空间。

第三,版式选择的适用性。以往文献整理出版样式多种多样,有影印式、点校式、笺注式等,版面形式有横排简化字、横排繁体字、竖排繁体字等。《问津文库》

选取了点校式的竖排繁体字版。这种选择体现了学术性与技术性的密切结合,因为简化字诠释古文还存在着某些障碍,而繁体字最能直接反映古文原意;竖排整理版的形式,还可以扩大与海外华人的交流。据《刘大同诗集》整理者之一刘自力先生说,他在台湾的堂弟收到这部书十分高兴,认为繁体字版方便阅读。这也说明《问津文库》的影响在扩大。

第四,文献整理的初步影响。严修是中国近代史上的重要人物,《严修日记》的陆续出版得到学界高度重视,也引起中华书局等出版单位的关注。刘大同是中国近代史的重要人物,《刘大同诗集》出版后,浙江大学教授朱则杰发现刘大同与章太炎见面时间有误,专门撰写了《刘大同出生时间辨析》;吉林、山东的学者纷纷写诗祝贺,并预定了相当数量的成书。这些都说明《问津文库》的关注者越来越多。还有,笔者十分关注天津诗人佟鋐的事迹,阅读《王南村集》之后,发现王瑛与佟鋐在岭南交往密切,特别是在其私家园林粟园。此前,著名戏剧家蒋星煜都把粟园与天津艳雪楼当做一个地方,而这本书的出版,使我们认识到岭南还有一个佟园。

最后谈一下对乡邦文献整理的展望。目前社会上还存在巨大的乡邦文献资源,如何利用这些资源,深入挖掘历史文化,对促进天津历史文化的传播具有重大意义。鉴于《问津文库》已经有了一定基础,如何在此基础上扩大整理范围,继续深入开展文献整理的意义重大。鉴于过往文献整理的经验,除了手稿识读之外,文献整理还有一个技术性瓶颈——打字。目前多为整理者自己打字,耗费时间很长。记得浙江省修志办搞古籍整理,配有专门的繁体字打字员,加速了古籍整理的速度。我想如果加强这方面的工作,将有利于乡邦文献整理的推进。

文献整理是连接历史与现实的桥梁，是“存亡继绝”的工作，有利于向人们展示历史、保留历史。所以说，《问津文库》对天津历史文化保护传承所做的工作功不可没。

2017 年 10 月

同源共生与广采互证

——谈问津书院对京畿学研究的影响与作用

许振东

天津问津书院，于2012年8月开始创意筹备，2013年1月启动运作。可以说，它是随着京津冀协同发展的步伐而一同成长与壮大的，其成长与壮大不仅对挖掘与促进天津本地的历史文化有重要的意义，而且对其他区域，尤其是对整个京畿地区的历史文化研究都有着同样重要的影响和作用。

一

2014年2月26日，在京津冀协同发展工作座谈会上，京津冀协同发展首次被上升到国家战略层面。习近平总书记在会议上指出，北京、天津、河北人口加起来有1亿多，土地面积有21.6万平方千米，京津冀地缘相接、人缘相亲，地域一体、文化一脉，历史渊源深厚、交往半径相宜，完全能够相互融合、协同发展。这段话后来成为人们阐述京津冀间相互关系时最常引用的经典论述。

就天津与河北两地的历史文化发展来说，两者间的关系更是你中有我，我中有你，密不可分。据1931年所修《天津志略》记载，天津在远古时曾属冀州、幽州等，春秋时属燕。秦改上谷郡，汉时始置为县，先为幽州渔阳之泉州县，后又改隶渤海郡的章武县、参户县。晋时，先后又属幽州燕国的泉州县、冀州章武国的章武县及渤海郡。入魏，先易为幽州渔阳郡的雍奴县，再易属沧州渔阳郡之章武县。隋时，属冀州涿郡的雍奴县、河间郡的鲁城县、长芦县，及兖州的渤海郡。至唐置道，属河北道幽州范阳郡武清县、沧州景城郡的干浮县及长芦县。宋属燕山路燕山府的武清县、河北路沧州的清池县和清州。金代末年，改属中都路大兴府的武清县、河北沧州的清池县和清州的静海县。元时，分属海津镇、大都路漷州的武清县，以及燕南河间路的沧州，此时始称直沽。

自明代开始，天津城开始建设，并逐步成为明清两代京畿地区的核心都市之一。明初，燕王朱棣率兵南下与其侄建文帝朱允炆争夺皇位，在直沽渡河偷袭沧州取得胜利。永乐二年(1404)，朱棣在筹备建都北京的过程中，下令在直沽修筑城墙，设立了天津卫、天津左卫和天津右卫，在当时统称"三卫"。万历二十五年(1597)，为防备日本军队"北犯中国"，始置天津巡抚，从而使天津一跃成为实际上的地方高级政区中心。

清初仍延明制。雍正三年(1725)，清政府决定将天津卫改为天津州，隶属于河间府，辖武清、静海、青县三县。天津州的设置，标志着其建制由原来的军事城堡变为地方行政管理机构。后又升天津州为直隶州，辖武清、青县、静海三县。初无附郭县，至雍正八年(1730)才将武清县所属的143个村庄、静海县和沧州地区的113个村庄划归直隶州管辖。雍正九年(1731),设天津府,附廓置天津县,且将原辖之青县、静海以及沧州、南皮、盐山、庆云等六县一州归天津府管辖。

进入近代以后,津冀两地同属直隶地区,天津成为此地区的中心城市,相互间的联系更为紧密。1860年,第二次鸦片战争爆发,英法联军攻陷天津,与清王朝签订了中英、中法《北京条约》,天津开埠通商。1860年至1903年,英、法、美、德、日、俄、意、奥、比九国陆续在津划定租界(后美租界并入英租界,故称"八国租界"),总占地面积达1557平方千米。1901年,袁世凯接替李鸿章担任直隶总督兼北洋大臣接管天津,开发海河上游以北地区,形成与租界区相抗衡的格局。

1928年6月,国民革命军占领天津,南京国民政府设立天津特别市。1930年6月,天津特别市改为南京国民政府行政院直辖的天津市。11月,因河北省省会由北平迁至天津,天津直辖市改为省辖市。1935年6月,河北省省会迁往保定,天津又改为直辖市。1949年至1958年2月,天津为新中国的中央直辖市。1958年2月天津划归河北省。1967年1月,恢复直辖市至今。

二

津、冀两地除去建置沿革上的紧密联系之外,在山脉、河流、人文等方面也是密不可分的。

现处于天津市蓟县城西的盘山,为燕山山脉的一部分,有"京东第一山"之名,其东临唐山市100千米,西至北京90千米,似一条巨龙,盘桓于京东津北,与承德、宣化、遵化、怀柔、延庆等地绵延相连。乾隆曾为之御书"连太行,拱神京,放碣石，距沧溟，走蓟野，枕长城，盖蓟州之天作，俯临重壑，如众星拱北而莫敢与争者也”。

天津古有“九河下梢”之称，海河水系的五大支流，即来自京冀的南运河、北运河、大清河、子牙河和永定河，在天津市区的三岔河口汇入海河，再经海河流入渤海。上世纪六七十年代热映的电影《战洪图》，讲述1963年爆发了一场百年未遇的特大洪水，海河地区的冀家庄人民进行了抗洪保津的英勇斗争。故事中冀家庄的原型为今天津市静海县王口镇段堤村，当时属于河北省。洪水冲来，人民的生命和财产受到了严重威胁，大队党支部书记丁震洪带领社员两次抢修大堤，战胜洪峰。但是，依县委决定，为确保天津市和津浦铁路的安全，冀家庄人在刚刚修好的大堤处炸堤分洪，表现出津冀一家，唇齿相连的特殊情谊。尤其具有特殊意义的是，在1982年5月至1983年9月间，兴建了著名的引滦入津工程，引水渠全长234千米，将远在河北省迁西县和遵化地区的滦河引入天津市，更紧密地将两地联系在一起。

从人员往来上说，天津亦与京冀密切交融为一体，尤其是明清及近代以后。如1900年前后，以天津、河北为核心，爆发了声势壮大的义和团运动，两地的著名首领曹福田、张德成、倪赞清等带领广大民众联合作战，在天津老龙头火车站、廊坊火车站等处分别给外国侵略者以重创。清代，天津作为重要的文人云集之处，曾以张霖遂闲堂、查氏水西庄、严修首创的城南诗社等为中心，先后形成规模很大的文人集团。这些文人集团中，源自京冀两地的文人很多。如康熙年间的著名文士陈仪(1670—1742)，为河北文安人，他字子翔，号一吾，官至侍读学士，有《陈学士文集》十八卷传世。陈仪的家乡距天津较近，他常来往于两地，曾为查日于生母作诗贺寿、题遗照、撰祭文等，亦为查日干本人撰写了不少类似之作。城南诗社兴盛于1921年至1947年间，据马钟琇所撰《城南诗社小传》等材料记载，前后参加的文人近一百五十人，其中很多为今天津与河北人。《城南诗社小传》的作者马钟琇及其弟马钟琦两人均为紧邻天津的河北省安次区人。清中叶以后，天津虽非全国的政治中心，但因其与北京遥相呼应，由此成为不少政治家的避难或晚年定居之处。如梁启超、黎元洪、徐世铮等均终老于此处。此外，还有不少戏曲艺术家，常在北京学戏，而于天津成名，两地不同特色的发展空间，将他们的活动半径也紧密地联到一起。

如此的地理位置与历史，决定了天津文化既有其多样性和复杂性，又有着与京畿其他地区相同的共性。正如有学者说："天津的性格中既有承继燕赵之地的慷慨豪爽之遗风，又有胆小怕事、洁身自好的习性；既有热情好客，乐于助人的侠肝义胆，又有着重实惠、目光短浅的市民气味；既有古朴淳厚的民风，又有商埠唯利的时尚；既是民间艺术的高产田，又是阳春白雪的贫瘠地。城市性格作为特点的多元态式，总是呈现出多面性和复杂性。"①

三

2014年前后，笔者提出了京畿学的学术范畴。所谓京畿学，主要是研究京畿地区的文化与文学等方面的问题。京畿一词，原指国都和国都周围的地

①杨键：《漫话"津味"》，《 文学自由谈》1987年第1期，第75页。

方，或称国都及其行政官署所辖地区。笔者所谈京畿学范畴中的京畿，从大的外延来说，是指今北京、天津、河北两市一省的所辖区域，此区域因金、元、明、清各代均以北京为都城，且清代曾有官修省级通志《畿辅通志》行世，故而得名。

京畿地区处于燕赵古文化的土壤之上，有史以来，一直自然而紧密地联系在一起。然而，建国以后，此地区被划分为北京、天津、河北三个独立的行政区域，从而使其区域的文化与文学等方面的研究，被人为割裂。学者们的区域文化研究，多局限于各自行政区划内的孤立研究，形成相对独立的京学、天津(津沽)学、畿辅学。当然，进行各自不同地域的个体研究也是必要而有重要意义的，但忽略对京畿整个区域的广博采征与相互参证，就会使很多有价值的学术问题不能被发现，也使一些现象或事件的产生，不能得到深入而准确的解释。

近些年来，天津问津书院以王振良先生为核心的学术团队，定期出版《问津》《开卷》《参差》《品报》四种内部交流资料，编纂《问津文库》系列天津历史文化书籍，挖掘和推出了大量的区域历史文化史料，内中所包含的内容大大超出了现天津市所辖的范围，对整个京畿学的研究具有极高的学术价值和意义。

笔者近期一直在从事京畿地区的历史文化研究，时时为资料的匮乏所困。如河北省廊坊市得胜口马氏家族，在清末民初曾有不少人融入到天津的主流社会，不仅对其家乡，而且对天津的社会文化发展及相互间交流，做出过重要贡献，非常具有挖掘整理和研究的价值。如马钟琇、马钟琦两兄弟皆擅昆曲，能诗文，被津门文学界称之为“东安高士”，是城南诗社的重要成员。但是，因为种种原因，他们的家世、生平资料、作品多散佚于民间，致使对他们的研究很难展开，有些问题甚至被遗弃至学术视野之外，令人十分遗憾；而随着天津问津书院相关工作的展开，一些散佚的资料不断被发现和整理，很多问题迎刃而解，相关的研究工作也得到了有力促进。

马钟琇生于1889年，字仲莹。早年毕业于北洋法政学堂，曾任清刑部主事、民国第一期国会参议员、黎元洪总统府顾问。1925年辞任来天津闲居，编著有《古燕诗纪》十卷、《马氏文录》十二卷、《味古堂集》四卷、《安次县志》《城南诗社小传》《国会同人诗钞》《昆曲书目举要》等。马钟琦，字诗癯，为马钟琇之兄，生卒年不详。亦为城南诗社成员，曾随郑孝胥学习书法，具有一定成就，著有《丁卯戊辰诗稿》。对此二人的关注与研究，仍很不足，主要原因即是资料的匮乏。然而，天津问津书院所整理的一系列文献的问世，则给此领域的研究带来了转机。

如2013年12月，天津问津书院编辑印制了张同书的《一沤阁诗存》，此书初印于1925年，保存了不少马钟琇的生平、创作与交游资料。以1929年所记为例，相关资料有：

1.与马仲莹夜谈。

2.题马诗癯所藏宋赵大年名令穰，德昭玄孙《湖山雪意图》。

3.五月二十二，夜偕仲莹溪边待月。

4.夏夜郊外纳凉同仲莹作。

5.仲莹以《雨后》诗见示，次韵答之二首。

6.九月杪，管君洛声约秀漳、诗癯、纬斋、仲莹、实之、翼桐及余乘舟同往罗园看菊有作。

7.马仲莹五十生日,同人公祝,分韵得寿字岁暮次仲莹五十自述。

一年之中,就有七条与马钟琇相关的记载,其中有两条谈及其兄马钟琦(诗癯),这些对于全面了解及研究马钟琇及其家族、津冀两地的文化同源关系等,具有重要的意义和价值。

得胜口马氏家族的马鸿翱曾著有《桑梓纪闻》一书,此书不仅对马氏家族及其家乡周边的历史文化研究为不可或缺,也是天津及整个京畿地区的历史文化研究的重要文献。此书初版于1930年,分为两卷。20世纪90年代,先发现其卷二,后经整理并于2016年1月在天津古籍出版社出版。近年,其卷一也被发现,将于近期整理出版。本书是一部主要记录发生在安次、文安、霸县、武清、雄县、大城等地的民间掌故、轶闻趣事的笔记体地方典籍,涉及的内容非常广泛。如此书的卷一《畿辅四名士小传》记当时人有一联说:"西楼文章东峰画,午桥书法子年诗。"其中的西楼,名刘仲篪,为今天津市静海县人,善文;东峰,名任海瀛,为今河北省大城县人,善画;午桥名纪昶,为今河北省文安县人,善书法;子年名刘荫椿,为今天津市静海县人,善诗。对这四个人,书内还有更为详细的介绍,今天津与河北两地的文人被并称为"畿辅四名士",颇见他们间相互依存的关系。

综上所述,京津冀的广大区域共处于一个不可分割的历史文化圈,具有同源共生的总特点。在进行京畿学及其他相关的研究中,应具有京畿一体的整体文化观,打通彼此间的隔膜和封闭,实现广采互证。在这方面,天津问津书院的同仁以自身辛勤的工作和大量整理出版的文献进行了率先的尝试和开拓，为京畿学及其他相关领域研究的进一步发展奠定了丰实的基础。

2017 年 7 月 27 日

地域文化新坐标下的阎道生研究

阎伯群

阎道生(1884—1962),著名书画家和武术家。字子阳,后改至阳,号阅庐。河北霸州扬芬港村(原属静海县)人。早年就读于湖北武备学堂,肄业后寓津作画,并拜李存义为师习武。1909年受聘直隶教育图书局、商务印书馆天津分馆,绘制教科书插图。1912年兼任《民约报》画刊编辑。1912至1915年在直隶学务公所致力于年画改良。1916年执教天津中华武士会。七七事变后归隐故里。有著作多种存世,另外还有大量手稿等。

作为天津先贤,阎道生的书画、武术和教育等活动,在天津曾产生巨大的社会影响,但因其晚年隐居田园,声名逐渐湮没无闻。新时期以来,天津文史界出版的文史资料、艺术志中,完全找不到他的名字,他已经成为一个被遗忘者。

2009年以来,天津民间文化志愿者团队从发现阎道生日记、书信等遗稿起,开始关注阎道生,2012年召开了阎道生文学艺术讨论会。2013年天津市问津书院成立后，将阎道生作为重点研究的天津地域文化人物，开展了多项学术活动，推出了系列研究成果，阎道生开始引起天津、河北文化界乃至全国文化界人士的注意，其影响还在发酵中。

以天津市问津书院正式成立为标志，阎道生研究可分为两个阶段。

《天津记忆》主导的史料整理挖掘工作

2009年11月5日，《天津记忆》第26期刊发《阅庐日记》，收录阎道生自1925年到1961年的日记。日记内容有残缺和中断。附录阎子阳书信十通，主要为保定市定兴县张祖庄村李敦素先生所藏。李敦素为阎道生弟子，是民国年间直隶著名武术家李星阶之子，青年时代在天津从事武术活动。这些日记、书信内容涉及广泛，为研究天津民国时期的艺术、教育及武术史提供了宝贵资料。

《阅庐日记》的出版推动了天津中华武士会的研究。2009年4月10日，《阅庐日记》整理者阎尔芃、阎伯群叔侄赴张祖庄村与李氏后人会面，搜集到阎道生书信、剑谱、字画，还有为武术史研究者寻找多年的珍贵文献——武林秘本《近今北方健者传》。阎道生、李星阶两个家族提供的文字、照片及口传资料，进一步促进了中华武士会的研究，李瑞林据此修订了其著作《形意拳侠》，也受到了武术界的瞩目。2010年10月，台湾逸文武术文化有限公司出版《阅庐日记》《阅庐信札》，作为“纪念天津中华武士会诞辰一百周年”文丛的第五种和第六种。

天津改良年画研究出现突破。王树村先生《中国年画史》中，以较大的篇幅介绍民初天津改良年画，但对其代表人物阎道生的生平研究却留下空白。《阅庐日记》印行后，著名年画研究专家张道梁先生根据这个线索，考证出一批出自阎道生笔下的改良年画作品，阎道生作为中国年画史上重要画家的地位也得到了史料印证。

2012 年 1 月 14 日，天津记忆文化遗产保护志愿者团队、天津市历史学学会艺术史专业委员会、河北省霸州市文学艺术界联合会联合主办的阎道生文学艺术讨论会在天津举行。

会议当天上午，尹树鹏先生在天津图书馆主讲了海津讲坛“天津记忆”系列讲座——《不该被遗忘的阎道生》。讲座前两天的 1 月 12 号，天津《今晚报》还以《钩沉津门改良年画，揭秘画家革新历程》为题，对讲座内容进行预告和披露。

下午，阎道生文学艺术讨论会开始。津冀两地专家学者和阎道生亲友代表近 50 人参加会议。与会者围绕阎道生在传统绘画、改良年画、书法、武术、教育、慈善、小学、蒙学、昆曲等方面的成就和贡献，进行了广泛而深入的探讨。

与会专家们表达了自己的观点：一、阎道生的传统绘画在天津美术史上占有重要地位；二、阎道生的改良年画为杨柳青年画从传统走向现代作出了贡献；三、阎道生为河北形意拳理论奠定人之一；四、阎道生是中国配画蒙学史上最成功的画师；五、阎道生是一位令人尊敬的民间慈善家和教育家。

会议结束后，天津《今晚报》《天津日报》等媒体对此次会议及成果进行了报道。1 月 16 日，天津人民美术出版社举行“社藏老年画展”，展出阎道生先生民国初年创作的改良年画，《天津日报》记者对尹树鹏先生进行了专访，发表题为《传递一座城市的记忆》的文章。

问津书院为阎道生研究提供全新的学术平台

天津问津书院是新型民办的非营利学术机构，致力于整合各种社会资源，推动天津地域文化研究。问津书院延续和拓展了《天津记忆》团队的阎道生研究，从史料挖掘、整理、研究、出版、推介等环节连环推进，已经取得重要成果。

2013年5月25日，天津“问津讲坛”以《阎道生：允文允武的艺术大师》为题举行学术讲座，由尹树鹏主讲。尹树鹏从中国社会生态环境的视角研究阎道生的人生轨迹和艺术历程，主要论点为：一、亲水的环境是阎道生生活的天赐空间；二、阎氏家世、家风奠定了阎道生的品格基础；三、阎道生是津门画坛的开拓者；四、改良年画引领新风；五、从事书画慈善，尽显大爱关怀；六、襄助武馆，弘扬形意，尚武精神的践行者。最后谈及阎道生归隐后的岁月。

5月27日《渤海早报》第39版“悦读”，发表专稿《画剑双绝的艺术大师——地方史学者尹树鹏讲述津城乡贤阎道生传奇故事》，报道了这次讲座的内容。

2014年夏，问津书院召开选题会，确定由阎道生之孙阎伯群撰写阎道生传记。2015年5月，长篇传记《布衣大师：允文允武的艺术名家阎道生》由天津古籍出版社出版。

本书是第一部再现阎道生艺术历程和人生轨迹的传记作品，以阎道生所遗日记、书信、书画等内容为线索，参阅了相关史料，对阎道生在天津近代文化史上的贡献进行了阐述，同时对阎道生人生不同时期的历史事件探幽析微、钩沉索隐，堪称一部在诸多方面弥补了天津艺术史研究空白的作品。

本书出版后，引起良好的社会反响。2016年8月，《天津日报》副刊“满庭芳”

在“沽上文丛”栏目中连续 15 期刊登连载了《布衣大师阎道生》，对阎道生进行介绍。《天津日报》《中老年时报》《廊坊日报》发表书评 3 篇。《中国书画报》也刊发了有关文章。2016 年，天津市政协文史资料委员会“近代天津名人”丛书出版《近代天津武术家》，收入 12 位在近代天津武术史上享有盛誉的武术家的传记，阎道生入选。最新面世的《天津地域文化通览·天津卷》中，阎道生在改良年画上的贡献被载入。

目前，阎道生日记、书信、诗歌等文献资料，已经整理、编辑完毕，拟名《阅庐文存》，列入“问津文库”出版计划。

未来，阎道生研究仍将依托问津书院这个平台进行深入挖掘，从而使一位天津文化史上的隐者，其人格魅力和艺术成就，逐渐为世人所知。

2017 年 8 月

悄然变化的问津讲坛

——亲历问津书院讲演模式创新

井振武

传统的讲座基本是“满堂灌”，从央视“百家讲坛”到各地办的各类讲座，大体都是如此。稍微先进一点的，在讲座中使用一些“课件”作为辅助工具。

敢于叫板这种传统讲座模式的，是 2014 年以来“问津讲坛”的主持人周醉天。

周醉天，祖籍浙江临海，现为天津文史作家。他早年毕业于南开大学法学系，曾任天津市高级人民法院法官。下海经商后，写作、办厂两不误。2012 年 8 月，所著《千秋功罪袁世凯》由金城出版社出版，其后《今晚报》予以连载，引起人们的广泛关注。他还著有《小站练兵史话》以及与万鲁建合作的《中日战争的幕后间谍潜伏在中国》。

我们都在北辰区居住，他对袁世凯研究兴趣浓厚，我则孜孜不倦地整理李鸿章在津史迹。我们经常在问津讲坛一起听课，畅谈感受，切磋学术，逐渐熟悉起来。我有过在天津图书馆津海讲坛讲授的经历，主要介绍《冯玉祥与天津》《毛泽东与天津的历史渊源》等专题，并在天津人民广播电台交通台讲座，因此对“讲座”话题颇为关注。一日闲谈间，醉天表示：“传统讲座须改进，不改进，听者昏昏，讲者摇摇，哪有一点生机？”变革之志，溢于言表！他问我：“井老师，你也讲一课，会讲些什么？”我答：“问津讲坛属于初创，需要有影响的津沽名家奠定基础。有机会可讲讲《赵四小姐与少帅张学良》，那可是一段发生在津门很有风趣的历史掌故呦！”当然，这些都是我们之间的玩笑话，不想讲座竟成真事。

2013 年底，问津书院掌门人王振良锐意改革，邀请有创新意识的周醉天主持问津讲坛，从选题到讲座模式进行大力调整。临近春节，醉天先生来电话说：“我与振良商量过了。转年第一期由天津博物馆研究馆员陈克讲《从早期军乐看文化融合》，第二期由你讲，题目定为《幼童留学与天津历史风云》。”我做过多年的高中历史教师，教育改革寓教于乐的道理我是知道的，也在教学中做过探索。我先听了陈克先生的讲座，对改革讲座模式的思路逐渐清晰起来。

我花了六年多时间，专门研究留美幼童在天津这一课题，编著完成《留美幼童与天津历史档案》，约 12 万字。内容包括幼童留美官学生历史始末、120 名幼童传记以及相关历史人物 16 人简记。因为史料翔实丰富，不是一堂课就能讲授完成的。如果举办一次讲座，就必须筛选出最能反映事物本质的东西以及典型人物事件，要大刀阔斧地忍痛割爱，悉心地进行布局与安排。

3 月中旬，在我与醉天先生几次交流后，心中的腹稿大体完成。于是，我提前设计了四个小短片，并附带撰写了介绍文章，整理出相关配图。考虑到讲课效果，我还制作了由 20 幅插图组成的课件。按照惯例，每次讲座都有《渤海早报》记者提前采访，因此我也准备了采访稿。随后，按照主持人醉天先生的要求，我将小片资料传给他，由他组织有关人员整理制作了《井振武》《容闳》《唐绍仪》《詹天佑》等四个视频小片。课前准备可谓充分。

接受《渤海早报》记者的采访，其实就是一次预讲，搜集反馈意见非常必要。记者刘世明如期来到寒舍，他是资深编辑兼记者，对著名学者章用秀、尹树鹏、张绍祖、黄殿祺、郭凤岐等人的采访，都是由他主持完成的。采访前，他浏览了我的"西北军老井"博客，对有关留美幼童研究的文章进行仔细地阅读分析，并撰写了采访提纲。我与刘世明无拘束地聊起有关留美幼童在天津的历史话题。他不时提出疑问，我都一一作答。治学严谨的刘世明返回报社后，又打电话来探讨交流对不同意见的认识。在我看来，采访既是预讲，也是征求听者意见的机会。根据这次反馈，我对讲稿又做了进一步的补充与调整，围绕讲课中心确定了四个问题：一、留美幼童运动谋划于津；二、沽上是"海归"官学生的舞台；三、在津幼童的五个代表人物；四、留美幼童现象的文化思考。

接着，就有关采访情况，我通过电子邮件及时与醉天先生沟通，他又将制作完成的《井振武》视频文字稿转发给我和刘世明。临近开课，醉天先生又发来邮件提出，讲授时间控制在 70 分钟左右，还就互动环节的有关问题与我交换了意见。

2014 年 3 月 29 日 15 点，我在问津书院学海堂如期开讲。主持人醉天先生在简短的开场白后，即播放介绍主讲者简况的视频。在讲课过程中，大约每讲授 20 多分钟，即穿插一个课件，前后播放了《容闳》《唐绍仪》《詹天佑》等视频小片，这样既缓解了听者的听觉疲劳，又充分利用多媒体增加了形象直观的效果。同时，我在讲座过程中还注意贯穿学术性与故事性有机结合的原则，使不同层次的听众都有收获。由于视频小片的介绍，为主讲者提供了“精讲”传主的发挥空间，从而赢得听众的喝彩。最后，留出约20分钟时间，进行了讲演者与听众之间的互动，解答在听课中产生的疑惑，沟通需要进一步探讨的话题。尽管参加的人数不是很多，但听众精力集中，整场讲座互动良好。而主持人醉天先生的风趣引领，使现场气氛一直热烈。

4月1日，有关采访稿在《渤海早报》上以《最早官派留学生舞台在天津》为题刊登后，引起舆论界的极大关注。天津门户官网将其挂在历史文化栏目首页长达三个月，国内包括中央以及各省区的30余家网站转载，连美国华人网都予以转载介绍，社会传播效果显著。

问津讲坛在悄悄起变化，这是充分利用多媒体结合传统讲授、听教互动的一次尝试，它始于陈克先生的那场讲座，我只是沿着这条路往前走。这种改革尝试，使问津讲坛率先走在天津各类讲堂的前列，昭示着其寓教于乐吸引更多听众走进讲堂的努力是成功的。面向大众，打破文人小圈子内自娱自乐的藩篱，其生命力必定持久而长远。问津讲坛对内进行讲座改革，增强趣味性；对外通过《渤海早报》使学术思想在社会上迅速传播，这是普及历史文化知识的绝好方法，其开创性精神值得赞扬。问津讲坛在天津率先对讲座进行改革，周醉天功不可没。同时，把传播学术思想活动引进大学校园，让更多的天之骄子、年轻精英了解天津的历史文化，也成为问津讲坛的一大特色。

既然探索出新路，就要坚定不移地走下去。回顾问津讲坛五年来所走过的历程，它努力地诠释着一个理念：传播津沽文化是件功德无量的事情。

2014年3月31日草稿，2017年9月5日定稿

爱书人的精神家园

——问津书院微信群浅说

齐　珏

“这是最好的时代，也是最坏的时代”，查尔斯·狄更斯在《双城记》中的经典名言，至今发人深省。在现今这个“电脑与网络齐飞，微博与微信共享”的时代，现代科技给我们带来快捷便利的同时，也逐步改变甚至侵蚀着我们的学习和生活。在这个时代，沟通越来越顺畅，人却越来越孤独，互联网时代拉近了人与世界的距离，却加大了人与人之间的距离。

然而，天津市问津书院的“问津书院微信群”却在网络空间里，拉近了一群读书爱书之人的距离。

位于天津市河北区巷肆创意产业园内的问津书院，俨然已经成为天津重要的文化地标之一。这里是社区居民的城市书吧，这里是文化学者的交流平台，这里是藏书人更是读书人爱书人的精神家园。“问津书院微信群”是与问津书院实体相对应的、存在于网络上的“无形书院”，它随时随地将问津群友们聚集在一起，谈天说地，纵论天下。群友虽来自五湖四海，但大家都有一种相同的爱好——读书。书把大家凝聚起来。总结起来，问津书院微信群有以下几个特点：

一是分享与传播。问津书院微信群的每位群友，都可以在群内自主发布文字、音频和视频等形式丰富的原创内容，其他的群友可以接收、分享并在群里互动，相互“刺激”，共同思考，通过这种形式使各自的原创产品通过“问津书院微信群”跨越时空的限制，在更为广阔的网络空间内得到有效的传播。

二是交流与交锋。问津书院作为一个以读书爱书、砥砺学术为主旨的微信群，其重要的活动内容是民间学术交流。问津书院的群友“往来无白丁”，在各自的领域都是佼佼者。群友凡有新近研究成果都会将之分享到群中，供同道中人进行中肯的品评和交流，甚至也有激烈的交锋。群友来自各个领域，研究方向及水平也不相同，因此学术观点不同，针锋相对的场面时常出现，但学术争锋之后，群友间的友谊却因为微信群这一无形纽带，联结得越来越紧密。

三是推广口述史。微信群还有一个特色，即积极推广口述史的研究。这或许与群主身兼中国传承人口述史研究所学术委员会委员有关。因此，群主不遗余力地宣传民间家史和口述历史，经常性转发相关口述史常识及学术信息，从基本知识到学界动态，即便不了解口述史及民间家史的人，也会由此而对此领域有一定认知。如果微信好友都倾向于了解其他人所不知道的事情，发表经过自己深思熟虑的见解，那么就能够通过每一个人的学习，促进圈子的共同进步并形成良性循环，也使新入群的人知道：在浮躁喧嚣的当下，还有一群能够沉静下来为文化、为历史书写的人们，以这样一种方式，并肩携手，共同前行。

四是新闻百事通。既然是一个以书为纽带的群体，各种新书发布的信息必不可少。学界精英写书、出书最为平常,因此这个群也担任起新书发布平台的作用。凡是与天津地域文化图书相关的新闻,这里一应俱全。本人与姜维群先生合著的《对话魏碑——王树秋霍扬碑访谈》,就在此群率先发布的新书出版消息。除了新书消息,各种活动的消息也在这里发布“召集令”。问津书院每月的讲座,各类关涉天津地域文化的约稿启事,还有其他相关活动,均将信息通知发布到此群,如此便省却了电子邮件群发的繁琐。只要每天打开此群,便可基本掌握京津冀文史界的大致动态。

五是点赞发红包。问津书院微信群的另一个主要功能是点赞。因为每天都有诸多群友发布各类原创内容,实在是精彩纷呈,所以必然引发众人的点赞。群友们凡是有好消息,第一个想到的就是把信息发送到问津书院这个群里,而其他群友也会分享喜悦,点赞不断。每逢重大节假日,群友中还有发红包的雅兴,且一人发红包,众人抢红包之后,还会引发红包接龙,往往人气极高,久久不能散去。

六是笑一笑,十年少。一个有活力的微信群,必然少不了几位幽默的群友,也少不了能感知幽默的群众。问津书院微信群的群主很幽默,经常发一些笑话或搞笑视频,让群友们在严谨严肃的学术交流间隙,放松心情,休闲娱乐一番。

基于以上特点,我对问津书院微信群提出建议,即积极将线上交流与线下活动相结合,探索问津书院未来发展的多种可能。新媒体时代,传统平面媒体的影响力逐渐下降,但如果传统媒体的内容制造者将原先仅提供给平面媒体的内容转化为微信内容,使其转移到网络移动平台终端,那么这些内容随着手动的转发,就能大大扩展其影响力。另外,今后如果能开展直播(如问津讲坛)、增加微店(将问津文库的成果在网上销售),把内容与经营结合起来,或许能走出一条文化创意的新产业路径。

值此问津书院五周年之际，草草写就以上随感，聊表对书院全体同仁的敬意。向在这个伟大的时代继续读书爱书的人们致敬！衷心祝愿问津书院越办越好,成为延续津沽文脉、传承城市记忆的引路者。

2018 年 1 月 14 日

民间研究者学术素养浅议

——由问津学术年会想到的

王勇则

2013 年至 2016 年召开的前四届问津学术年会，我都有幸参加，而且均在第二组参加讨论。每次参加这个学术年会，我都是受益匪浅，值得回味的东西确实有很多。

根据我的接触、观察、理解和感悟，这四届学术年会也反映出了某些共性问题，而这些问题在我身上也不同程度地存在着。囿于篇幅，仅尝试剖析其中一个方面，即业余从事文史研究的民间研究者既要发挥优势、趟出新路子，也要有意识地加强学术训练，向专业研究人员的学术思维看齐，不断增强学术素养，持续提升研究能力，以期打开更大的研究视野。

天津市问津书院积极搭建平台，兼收并蓄，为民间文史研究者展示风采和能力营造了氛围，也拓展了空间。而每一届学术年会都能吸引一部分专业研究人员参会发言，并能赢得德望兼隆、众流共仰的专家学者的支持、指导和鼓励。民间研究者与专业研究人员围坐一起、心系一处的几率多了，和谐共促，合力共进，可谓势所使然。这也使天津地方史学术研究的环境得到了优化。

但是，民间研究者忽视专业研究成果、懒于研读学术期刊论文、疏于接受新的学术研究方法、难以体会学术论文的阅读快感、难以从学术论文的阅读中汲取养分的问题，也是在不同程度上存在的。这既是民间研究者的力不从心，也是未曾接受过专业训练的认识短板，更有不愿积极尝试和努力实践的惰性。是否有畏惧感还不好说，至少根据我的了解，的确有民间研究者把学术论文与艰涩难懂画等号。从总体来看，民间研究者受固化思维的限制和思维惯性的驱使，存在自觉不自觉地与专业研究隔绝的倾向。

好在通过前四届学术年会的持续驱动、引领、凝聚，目前这种倾向已有显著改善。出自民间研究者之手的专题研究成果，有的站位高、角度新、挖得深、立得住，也能够得到专家学者的认可。民间研究者在逐渐赢得尊重的同时，愈加增强了信心。这应该也是前四届学术年会达成的明确共识，取得的重要成果。由此也可明显地感受到，民间自发性研究的潜力是无穷的，可开发的空间是很大的。

民间研究者具有一些鲜明的特点，即凭个人意趣和偏好搜集史料、发现选题。他们的眼光是独特的，视野是开阔的，思维是发散式的，采择甄选是不受束缚的，研究路径是不拘一格的，研究的着眼点和着力点也并不突兀、褊狭、局促、僵化。或许这些就是民间研究者的优势之所在吧。不论是选题意识、搜集文献的功夫，还是采访能力、刻苦精神，民间研究者都是很强的。如此甘于坚守的定力，如此吃苦耐劳的意志，使他们在每届学术年会上都能得到与会专家学者的首肯。

只有把史料搜集、整理从介绍性层面上升到分析、判断的研究性模式，才能切实让史料为我所用，才能形成新观点，才有更大的说服力。这就需要民间研究者有一个改变陈规定势、打破思维壁垒的自我调解、自我革新过程。这个过程或许很痛苦，或许还很漫长，但从另一个角度来看，如果缺乏史料的支撑，那么研究肯定就是无本之木，也无从下手。那么，是先有科学的历史研究理论和方法作指引，还是先有大量的专题史料作支撑呢？其实二者之间是辩证的关系，并不冲突，既无先后之分，也无优劣之别。根植于民间的史料整理者、研究者，大多以史料搜藏见长。如果是有意识地大量积累，那么消化、内化、细化、强化的可能性势必会增大，就很有可能从中得出某些新认识、新见解，甚至是新发现。而在继续实践中再行生发，努力向专业性研究思路靠拢，努力与学术思考相适应，就有实现升华、取得突破的可能性。这不失为民间研究者的一个从实际出发的现实可行的路子。

民间研究者大多崇尚靠原始资料说话的路数，认为这样比较可靠，比较容易上手，心里也比较有底。毕竟专家学者在研究某一专题时，也得有选择地掌握原始资料，进而从原始资料中形成观点或修正观点。仅仅从这个意义上来看，以史料为出发点，民间研究者是可以暂时与专家学者同步的。至于民间研究者通过查阅原始资料，能理解到何种程度，能归纳和总结出多少有创意有价值的观点，能概括和提炼出多少有普遍意义的结论和符合规律的特征，那就要看个人的悟性和能否调动学术潜质了。当然，民间研究者自可从心所欲，不受专业研究的模式所困，也可不以发表学术论文为终结点。毕竟绝大多数民间研究者并无论文考核等压力。但是，要想有所提高，就得自找压力。是否具备学术品质，对于为文立言的影响，是不言自明的。换言之，可读性与学术性从来都不是背离的，通俗化与学术化也并非水火不容。

细究起来，史料与史观总有一致性，总是相向而行的。因此，民间研究者基于史料的叙述，若仅以出产文章见报为终极，这种路子也很可能会形成积重难返的“野路子”，难以破除堆砌性攒集、通俗化绍介、辑录性编排的窠臼。不过，其中的好处也有很多。比如，鲜见史料掌握得越来越多了，自然也会有或多或少、或大或小、或轻或重的见识萌生出来，即便是一时尚未产生灵感，也会擦出火花，至少可在校勘史料上有些见地和效果。只要是带着疑问和好奇来对比、推究，就不难发现一些研究线索。如果通过比较性探查，能发现以往定论、信史中存在的以讹传讹、莫衷一是、语焉不详的问题，或者发现被忽视的环节、尚存的空白等，再以此为基础，着手个案分析甚至是对重要细节展开考证，那么对于民间研究者能力的提高，肯定是大有裨益的。

对于民间研究者来说，也不能用研究得有多深、判断得有多准、是否符合学术规范、是否具备学术含量等标准来苛求。毕竟，不能超越现实能力和客观情况看问题。实际上，每位民间研究者都有各自的视角、各自的长处，不可替代，往往也没有可比性。这是因为，如果设身处地，甚至是置身其间的话，一定会觉得，民间搜集资料是多么的艰辛，而研究起来又是多么的困难。尤其是对于民间研究者来说，需要面对的枯燥，需要排除的阻力，都是难以想象的。我也是民间研究者，对此总是深有体会。

相信在日益开放、日益活跃、日益融合的天津文史研究氛围中，民间研究者可施展的机会将会越来越多，也一定会有更多的话语权。民间研究者应该不断提升自己，不断突破自己，努力上升到以考量性、思辨性、系统性的高度看待、利用和解析史料，而非仅仅满足于一般化地汇总史料、简单化地处理史料和碎片化地解读史料上。

在如何引用史料和学术成果的问题上，民间研究者也明显存在规范化缺失的倾向。例如,对他人的学术观点援引较为随意,容易形成误解甚至是重大歧义。又如,分不清征引、注释与参考、叙述的本质性区别,容易在不知不觉中陷入照搬照抄的困境。再如,误以为加引号、加注释太麻烦,习惯于叙述性语言的浅尝辄止。这些认识误区,很有必要在自我弥补的基础上自我净化、自我历练。其中,对于以往大量公开出版的政协系统文史资料,由于其中杂糅不少口述性回忆文章,若不加分析地照单全收直接引用,也不免会有偏离史实的风险。

根据笔者近几年的认识和实践,政协系统的文史资料,尤其是本地一些区县的文史专辑,向学术研究体系靠近的趋势越来越明显。虽然以往出版或编印文史资料时常常是排斥注释、辨析和考证的,但作为研究成果不可或缺的组成因素,这些是怎么也绕不开的。如果是为了现实之需(如为解决现实问题,给官方提供决策参考)而涉及某地域的某项近代专题的话(比如《觉悟社》《李大钊与北洋法政学堂》《天津老龙头》《曹家花园》《明清天津进士名录》等文史专辑),在征引史料的过程中,若不予辨析和不加考据,是不可能具有逻辑性的。

由此可见,在新时期、新形势下,文史资料已不可能仅仅局限在“三亲”上了。如涉及近代题材的文史资料专辑,由于距今已上百年之久,仅靠“三亲”或以“三亲”为主体,显然是不可能实现得了的。况且,对于文史资料的编辑模式也应客观看待,区别对待。即便是对“三亲”文章的处理,从来也没有摒弃过注释、辨析和考证,否则如何考查“三亲”的准确性呢？如何提升文史资料的质量呢?

总之,不论是哪种写法、何种范式,都应以政治正确、史实准确、研究精确为圭臬。只要是以此为遵循，以此为前提，就不必囿于何种行文模式。个人认为，把文史资料的编辑模式与历史研究方法割裂开来，甚至是对立起来，并不可取。我相信，这一想法一定是潜移默化地受到了前四届学术年会举办的熏染、触动、启发和促进。如是，业余从事文史资料编纂的民间研究者把历史研究方法灵活运用到文史资料的编纂过程之中，又有什么不可以呢？

虽然民间研究者大可不必拘泥于框框、局限于套路，但也必须守住底线、持正有度，如果随意拼凑史料、嫁接史料，很可能受累不讨好。而演绎史料则属于文学创作范畴，与文史研究是从不发生交集的两个路子，是不可混为一谈的。民间研究者还要对自己有一个清晰的定位。应当坚持研究方向，敬畏研究规律，恪守历史研究的学术本义，把秉持学术操守视为大情怀。

习总书记教导我们说：只有树立正确历史观，尊重历史，才能经得起历史的检验，才能立之当世、传之后人；不论是历史研究者，还是文学家、艺术家，都"有责任告诉人们真实的历史，告诉人们历史中最有价值的东西"，"不能用无端的想象去描写历史，更不能使历史虚无化"，"戏弄历史的作品，不仅是对历史的不尊重，而且是对自己创作的不尊重，最终必将被历史戏弄"。（转引自习近平总书记于 2016 年 11 月 30 日在中国文联第十次全国代表大会、中国作协第九次全国代表大会开幕式上发表的重要讲话。）

不可否认的是，确有民间研究者不知不觉地在研究与创作之间摇摆，忽略二者界限、混淆二者关系。比如，在对民间传说的搜集整理上，行文较为随意，不乏编造的成分。这种倾向如果长期存在且未能经过自我批判而得以自觉纠正的话，就很可能衍生出创作历史、创造历史、创意历史的问题，难免引人反感、受人诟病，甚至误人子弟。民间研究者并非没有这方面的教训。

以上这些问题，是民间研究者必须要面对、必须要克服、必须要解决的问题。民间研究者除了要在收集文献资料上更深广、更扎实、更精到之外，也更应有意识地形成学术取向、树立学术理念、符合学术规范、贴近学术思维、寻求学术帮助，避免总是自我感觉良好。这无疑是民间研究者亟待突破的“第一岛链”。

民间研究者只有尽力弥补学术短板，积极谋求学术素质的提高，主动创造与专业研究人员合作的机会，才能在原有的基础上开辟出更广阔的研究天地，才能与专家学者开展更广泛更深入的交流。只有这样，民间研究者的研究成果才能切实上台面、有品位，也才有可能引起学术界的关注甚至是重视。

总之，民间研究者既要扬长避短，又要提升素质。这既是大势所趋，也是时代召唤，更是前四届天津问津书院学术年会成功举办后带来的必然思考。

作为民间研究群体中的一员，我也曾因囿于成见、限于智识而长期徘徊纠结、焦虑迷茫。如今自我反思，仍认为还有一些思想上的疙瘩未能解开，这都需要今后不断解放思想、不断内修内省。

以上拉杂如许、不揣固陋、知无不言，愿与诸同好共勉之。

2017年5月15日

编后记

“汛海文丛”的编辑，虽然早有详细计划，但在实际操作过程中，总是不断地调整。原本计划中的一编，征到的文稿过多，于是扩充为一书；原本计划中的一书，征到的文稿不足，于是压缩为一编。这样一来，除了能够独立成册的内容，剩下的文稿还需要重新组合，以便尽皆入书，以不负师友的雅意。

本卷就是部分文稿重新排列组合的结果。好在文无定法，图书内容的编辑方法，也未闻有固定之规，于是就有了这本《追源衍流：问津书院的前世今生》。顾名思义，本卷记叙的是问津书院之流变。“谭史”是考索清代问津书院的历史及人物，“论今”和“旁白”是述评当代问津书院的现状及影响。

谈到问津书院重建五年的意义时，师友们用了不少自创的概念，诸如“问津现象”“问津模式”“问津机制”“问津精神”等。问津书院在运营方面，确实做过不少探索，也产生了相当影响，说是“现象”大体可以接受；而“模式”和“机制”，则需要持续沉淀和精准总结，可如果真的固化为“模式”或“机制”，其创新力也就走到尽头了；至于“精神”，更是需要凝练与升华，恐怕离书院还很遥远，或许永远可望而不可即……

问津书院筹备之初，虽然制订了“二三三”八年规划，但能够平静地走过五年，实是我完全没有料到的。回想来时的路，很多细节已经模糊，但五年时间里，书院能够走到今天的高点，里面应该涵盖了太多的天时、地利与人和。没有这些，一切皆无可能。追念之余，唯有向一切支持、帮助、鼓励过书院的师友致意——真诚地感谢大家！

有了你们，一切皆有可能！

杜鱼 2018 年 3 月 20 日于恐高轩